Guíanos hacia la Luz

Guíanos hacia la Luz

Selección de enseñanzas de

Sri Mata Amritanandamayi

Mata Amritanandamayi Center, San Ramon
California, Estados Unidos

Guíanos hacia la Luz

Selección de enseñanzas de Sri Mata Amritanandamayi
Recopiladas por Swami Jnanamritananda
Traducidas del inglés por Patricio Hernández

Publicado por:
Mata Amritanandamayi Center
P.O. Box 613
San Ramon, CA 94583
Estados Unidos

Primera edición por MA Center: septiembre de 2016

En España: www.amma-spain.org
        fundación@amma-spain.org

En la India:
        inform@amritapuri.org
        www.amritapuri.org

ॐ

असतो मा सद्गमय ।
तमसो मा ज्योतिर्गमय ।
मृत्योर्माऽमृतं गमय ॥

Asato mā sat gamaya
tamaso mā jyotir gamaya
mrityor mā amritam gamaya
om śānti śānti śāntihi

¡Oh Ser Supremo,
Guíanos de la ilusión a la verdad,
De las tinieblas a la luz
Y de la muerte a la inmortalidad!
Om, paz, paz, paz

Brihadaranyaka Upanishad (1: 3: 28)

Indice

Prefacio

Este libro, publicado originalmente en malayalam, bajo el título de *Jyotirgamaya*, es una selección de conversaciones mantenidas con Amma, que fueron apareciendo mensualmente, en la revista Matruvani, a lo largo de estos últimos diez años.

Cada palabra de Amma difunde la luz del conocimiento, eliminando las nubes de la confusión que aparecen en la mente de sus hijos. Algunas conversaciones tratan de un tema concreto. En otras ocasiones, las preguntas surgen a partir de las dudas que plantea alguna persona en particular. Amma da la respuesta adecuada a cada oyente. Su único fin es el progreso espiritual de sus hijos.

El hecho mismo de cuestionar, es ya una señal de crecimiento interior. Si no se disipan las dudas, éstas dificultarán el progreso individual y, por eso, es necesario clarificarlas en cuanto surjan. Sólo entonces podremos avanzar en nuestro camino. Se puede confiar plenamente en las palabras de un Mahatma (gran alma), pues tienen el poder de liberar de la confusión a los sedientos de conocimiento espiritual.

Cada palabra pronunciada por Amma ilumina el camino a seguir. En las siguientes páginas, podemos leer sus respuestas a preguntas y a dudas que nos inquietan actualmente; todas ellas brotan del poder de un espíritu perfecto y de la autoridad de su experiencia.

Swami Jnanamritananda
Amritapuri, 24 de agosto de 2000

De noche, con Amma, a orillas de la laguna

La caracola resonó señalando el final del Devi bhava darshan[1]. Eran las dos de la madrugada. Los residentes del ashram habían estado, la víspera, transportando arena todo el día. Trataban de conseguir algo más de terreno colocando arena y piedras al borde de la laguna. Amma también había participado en el trabajo, entusiasmando a todo el mundo. Ese día había dado darshan por la mañana en la gran choza y después, cuando aún no habían transcurrido dos horas, había vuelto a salir, a las cinco, para cantar los bhajans (cantos devocionales) e iniciar el Devi bhava darshan. Era ahora, después de muchas horas y una vez que todos habían pasado por el darshan, cuando finalmente se levantó.

Sin embargo, en lugar de retirarse a su dormitorio, Amma fue directamente a la orilla de la laguna. Aún no había sido colocada toda la arena y se esperaba otro barco, con un nuevo cargamento, por la mañana. Al verla allí, los residentes y los devotos fueron corriendo para ayudarla a transportar la arena que estaba acumulada.

---

[1] Los darshan son las ceremonias en las que Amma recibe y bendice individualmente a todos los que acuden a ella. A menudo recibe a miles de personas en un sólo día.

9

Este duro trabajo, renunciando al sueño y a la comida, no representa nada nuevo para aquellos que ya conocen un poco a Amma. Pero Mark acababa de llegar de Alemania, era la primera vez que veía a Amma, y no lo podía soportar. Intentó varias veces coger el saco de arena que llevaba Amma, sin conseguirlo, ya que ella no se rendía.

Amma hizo una pequeña pausa y, con una señal, le pidió a Mark que se acercara a su lado. Cuando éste vio el glorioso rostro de Amma, sus ojos se inundaron de lágrimas.

"Hijo, Amma no ha tenido ocasión de hablar contigo hasta este momento. ¿Estás triste por eso?"[2]

"No, no es eso, lo que me entristece es verte trabajar tan duro, tanto tú como tus hijos. Amma, si das tu bendición, te entregaré toda mi fortuna. ¡Mi único deseo es que descanses, en lugar de trabajar así día y noche!"

La respuesta de Mark hizo reír a Amma.

Amma: Hijo, estamos en un ashram, no en una aldea de vacaciones. Este lugar está destinado a los que no les importa el auto sacrificio. Los residentes del ashram deben realizar duros esfuerzos si desean alcanzar su ideal. Los que tienen tendencias espirituales encuentran aquí el paraíso. Hace años que estos hijos están haciendo un duro trabajo, y no les resulta pesado. Cuando llegaron aquí, Amma les dijo que tenían que parecerse a una vela. La vela se consume de buen grado para dar luz a los demás. De igual manera, nuestro auto sacrificio es la luz del mundo, la luz del Ser.

Piensa en la cantidad de personas que sufren en este mundo. Piensa en todos los enfermos, en los pobres afligidos que no tienen dinero para pagar la consulta médica o comprar un medicamento. Piensa en las innumerables personas que viven en la miseria y se esfuerzan desesperadamente por sobrevivir, sin ni siquiera un plato

---

[2] Amma habla a menudo de sí misma en tercera persona.

de comida al día. Y tantos niños que se ven forzados a abandonar su educación porque su familia no puede pagar sus estudios. Con lo que ahorramos, podemos ayudar a toda esa gente necesitada. En nuestro orfanato tenemos que atender a unos quinientos niños. Hay que estar dispuesto a ayudar a los demás, aunque eso entrañe dificultades para nosotros.

Todo el mundo quiere hacer un trabajo de oficina, confortablemente sentado en un sillón. Nadie quiere hacer este otro tipo de trabajo; pero, ¿acaso no tenemos que servir de modelo para los demás? ¿No dijo el Señor en el Bhagavad Gita: "La ecuanimidad es el yoga"? Debemos ver cualquier trabajo como una forma de adorar a Dios. Si estos hijos ven hoy a Amma haciendo este trabajo, no dudarán mañana en hacer cualquier tipo de trabajo. El Ser es eterno. Para conocerlo, tendrás que erradicar totalmente la conciencia del cuerpo. Pero sólo podrás hacerlo a través de la renuncia. Los que viven de forma altruista pueden transformar cualquier situación en favorable.

Hijo, ¿quién puede realizar práctica espiritual las veinticuatro horas del día? El tiempo que no dedicamos a la práctica espiritual, empleémoslo en hacer buenas acciones. Eso contribuirá a reducir el número de pensamientos. El mundo que veis es realmente el cuerpo del satgurú (maestro espiritual realizado). Amar al maestro supone trabajar de acuerdo con sus enseñanzas. El trabajo desinteresado también es una forma de práctica espiritual. Los que viven de manera totalmente altruista, no tienen necesidad de ninguna otra práctica espiritual. Hijo, sólo gracias a la renuncia podrás alcanzar la inmortalidad.

Pregunta: ¿No nos ha dado Dios este cuerpo y ha creado los objetos del mundo para que los disfrutemos y seamos felices?

Amma: Si conduces como te apetezca, sin respetar las reglas de tráfico, lo más seguro es que tengas un accidente o incluso te mates. Existen unas normas de circulación que tenemos que seguir. De forma parecida, no sólo ha creado Dios todas las cosas, sino que ha establecido reglas para todo, y tenemos que vivir de acuerdo con ellas o llegaremos a lamentarlo.

Comed únicamente lo que sea necesario. No habléis más que cuando convenga. Dormid sólo lo imprescindible. Dedicad el resto de vuestro tiempo a hacer buenas obras. No malgastéis ni un sólo instante de vuestra vida y haced que ésta sea también beneficiosa para los demás.

Si coméis chocolate sin control alguno, acabaréis con dolor de estómago. Todo exceso crea problemas. Tenemos que comprender que la felicidad de este mundo causa sufrimiento.

Pregunta: ¿No es Dios el que nos hace actuar?

Amma: Dios nos ha dado inteligencia: la inteligencia necesaria para que empleemos nuestro discernimiento. Utilicémosla y actuemos con discernimiento. Dios también ha creado el veneno, pero a nadie se le ocurriría tomarlo sin razón alguna. En casos como éste, no dudamos en utilizar nuestro discernimiento. Necesitamos sopesar cada una de nuestras acciones de igual manera.

Pregunta: Madre, ¿los que se entregan a un maestro espiritual son débiles de espíritu?

Amma: Cuando apretáis el botón del paraguas, éste se abre. Lo mismo sucede cuando inclináis vuestra cabeza ante un maestro espiritual. A partir de ese momento, puede ser transformada vuestra mente y fundirse en la conciencia universal. Una obediencia y una humildad semejantes no son signos de debilidad. Al igual que un filtro purifica el agua, el maestro purifica vuestra mente y aniquila el ego. En cualquier situación, somos esclavos impotentes de nuestro ego y obramos sin discernimiento.

Una noche, un ladrón intentó robar en una casa, pero nada más entrar se despertaron sus moradores y el ladrón huyó. Todos salieron en su persecución gritando: "¡Al ladrón! ¡Ha escapado por allí! ¡Atrapadlo!" Enseguida se congregó una multitud y el ladrón aprovechó para unirse a ellos. Corrió con la multitud gritando con todas sus fuerzas "¡Al ladrón! ¡Al ladrón!" Así es cómo nuestro ego nos acompaña en todo instante. Incluso cuando Dios nos da la oportunidad de rechazar el ego, preferimos mimarlo y hacerlo nuestro compañero. Es raro que la gente intente deshacerse del ego mostrándose humilde.

Hoy en día, las mentes son débiles, son como las plantas que crecen en una maceta. Si no se las riega a diario, marchitan. Es imposible dominar la mente sin disciplina y sin observar determinadas reglas. En tanto no controléis la mente, necesitáis mantener ciertas reglas y restricciones, de acuerdo con las instrucciones del maestro. Una vez hayáis dominado vuestra mente, no hay nada que temer, pues se despertará en vosotros la facultad de discernimiento y ésta os hará avanzar.

Un hombre partió un día en busca de un maestro. Quería un gurú que le pudiera guiar a su gusto, pero ninguno estaba dispuesto a hacerlo, ni él aceptaba las reglas que querían imponerle. Al final, ya agotado, se tumbó en el campo a descansar. Entonces se puso a pensar: "No hay un maestro que me guíe como a mí me gusta.¡Tampoco quiero ser esclavo de nadie! Todo lo que he deseado hacer, ¿no fue Dios quien, de alguna manera, me lo hizo hacer? En ese momento, al girarse, vio un camello que movía afirmativamente la cabeza, y se dijo: "¡Vaya, al fin he encontrado a alguien apropiado para convertirse en mi maestro!"

"Oye, camello, ¿aceptarías ser mi maestro?" El camello le respondió moviendo la cabeza afirmativamente.

De esa manera, el hombre consideró al camello como su maestro espiritual. "¡Oh, maestro!, ¿puedo llevarte a mi casa?", le preguntó. Y, de nuevo, el camello dio su conformidad. Lo condujo a su casa y lo ató a un árbol. A los pocos días, volvió a preguntarle: "¡Oh, maestro!, estoy enamorado de una mujer, podría casarme con ella?" El camello hizo un gesto afirmativo. Después de la boda y, pasados unos meses, le preguntó: "¡Oh maestro!, no tengo hijos." El camello hizo una señal de aprobación con la cabeza, y no tardaron en llegar los hijos.

Un día le preguntó: "¿Puedo beber un poco de alcohol con mis amigos?" El camello movió afirmativamente la cabeza. El hombre acabó borracho y empezó a discutir con su mujer.

"¡Oh, maestro!, mi esposa no hace más que incordiar, ¿puedo matarla?" El camello asintió una vez más. El hombre mató a su esposa, llegó la policía y lo detuvo. Se pasó el resto de su vida en la cárcel.

Hijo, si encuentras un gurú que te deje hacer todo lo que quieras o te dedicas a vivir a tu gusto, acabarás en la esclavitud. Dios nos ha dado a todos una inteligencia capaz de discernir. Deberíamos utilizarla antes de obrar, y seguir las enseñanzas de un maestro. Un verdadero maestro no vive más que para sus discípulos.

Sólo la no-dualidad es real, pero es imposible explicarla con palabras. Es la vida misma, es una experiencia. Se trata de algo que debe venir desde el interior. Cuando la flor se abre, su perfume se expande espontáneamente.

Pregunta: No veo que haya nada de malo en disfrutar de los objetos sensitivos que Dios ha creado. ¿No nos ha dado Dios los sentidos para que podamos gozar de esos objetos?

Amma: Como ha dicho Amma, hay reglas y límites en todo y deberíamos vivir en armonía con ellas. Todo objeto tiene su naturaleza intrínseca. Dios no sólo ha dado a los humanos los sentidos, también les ha dado una inteligencia capaz de discernir.

Los que no utilizan su poder de discernimiento y se dedican a correr tras los sentidos en busca de placer, no encontrarán nunca la paz ni la felicidad y terminarán siempre sufriendo. Un viajero llegó un día a un país extranjero. Era su primera visita a ese país y todo le resultaba extraño. Ignoraba la lengua del país, sus costumbres y los hábitos alimenticios de sus habitantes. Paseó por las calles, observando todo lo que veía, hasta que llegó a un gran mercado lleno de gente. Allí vio todo tipo de frutas, de varios tamaños y colores, que en su gran mayoría le resultaban desconocidas. Se fijó en que muchas personas compraban una determinada fruta. Al ver que era tan apreciada, pensó que sería una fruta dulce y jugosa. Y compró todo un saco. Después se sentó bajo un árbol, sacó una de aquellas frutas y mordió un extremo. ¡No era nada dulce! ¡Le ardía la boca como si fuera fuego! Probó por el centro y también era picante. Pensó que el otro extremo de la fruta sería, al menos, dulce, la mordió también. Pero el resultado fue el mismo, tenía la boca ardiendo. Probó con otra fruta, y le quemó la boca como el fuego. Se dijo que alguna de aquellas frutas sería dulce, y probó otra. También era picante, sin dulzor alguno. Sin embargo, se negó a abandonar. Aunque derramaba lágrimas sin parar, continuó obstinadamente comiendo las frutas, esperando encontrar al menos una que fuera dulce y jugosa, hasta que se las comió todas. ¡Cuánto sufrimiento tuvo que pasar aquel pobre hombre! Buscaba la dulzura, pero no obtuvo más que fuego ardiente. Lo que había creído que eran frutas dulces, no eran mas que ajíes maduros y muy picantes. No hubiera tenido problemas si, tras probar uno o dos y comprobar hasta qué punto ardían, hubiera dejado el resto. No estaba obligado a sufrir de aquella manera, pero en la esperanza de encontrar la dulzura que buscaba, se comió hasta el último ají. En consecuencia, conoció el sufrimiento, ya que la naturaleza propia de un ají picante es la de quemar como el fuego. El único placer externo que le dieron aquellas frutas, fue el placer de contemplarlas.

Pasando de un objeto a otro, los seres humanos buscan la felicidad en objetos cuya naturaleza no puede proporcionársela. Creer que se puede obtener la felicidad en un objeto externo cualquiera, es una ilusión de la mente. En verdad, nada externo puede procurarnos la menor felicidad. La felicidad a la que aspiráis existe en vuestro interior. Dios nos ha dado un cuerpo, sentidos e inteligencia para que aprendamos esta lección y busquemos la fuente real de la felicidad. Si utilizamos nuestros sentidos indiscriminadamente, sólo experimentaremos sufrimiento y no la felicidad que esperábamos.

El cuerpo y los sentidos pueden ser utilizados de dos formas distintas. Si nos esforzamos en conocer a Dios, saborearemos el gozo eterno; pero si corremos sólo tras los placeres de los sentidos, nuestra experiencia será igual a la del viajero que buscaba dulzor en los ajíes picantes.

Si corremos tras los placeres sensuales, sin comprender que su naturaleza intrínseca es producir dolor, tendremos que sufrir la desdicha que nos causen. Si, por el contrario, comprendemos la naturaleza esencial de los objetos externos, no nos veremos debilitados por la tristeza o el sufrimiento.

Las olas del océano se elevan y, un instante después, rompen en la playa. No pueden permanecer en lo alto. Los que buscan ardientemente encontrar la felicidad en los objetos externos, se hunden en el dolor. La mente aspira a buscar la felicidad, pero en lugar de encontrar la auténtica felicidad, no halla más que sufrimiento. A partir de ahí, podemos aprender que la felicidad no se encuentra externamente.

La búsqueda de felicidad en el mundo material hace que las personas sufran y no tengan paz interior. Eso no afecta sólo a los individuos, sino a toda la sociedad. Por buscar la humanidad su felicidad en las cosas externas, el amor real ha desaparecido. La paz y la alegría apenas se encuentran en la vida familiar. Se ha perdido la capacidad de amar y servir al prójimo con el corazón abierto. Los maridos desean a otras mujeres y las esposas a otros hombres. Este excesivo deseo de placer va tan lejos que algunos hombres olvidan que sus hijas son sus propias hijas, e incluso se está desmoronando el concepto de relación hermano-hermana. Se asesina a miles de niños. La causa de toda esta maldad en el mundo actual, es la idea, completamente falsa, de que es posible encontrar la felicidad en los objetos externos.

Amma no dice que debáis rechazar todo placer, sino que es necesario reconocer su naturaleza real y no caer nunca en el exceso. Jamás abandonemos el dharma[3] y evitemos siempre el adharma.

Los que sólo buscan los placeres egoístas, y se entregan a ellos sin límite, están perdidos. Es natural que los deseos y las emociones surjan en la mente, pero es necesario un cierto control. Es normal tener hambre, pero no por eso comeremos sin mesura. Si obráramos así, caeríamos enfermos. La sed excesiva de placeres conduce igualmente al sufrimiento. Las personas no son conscientes de ello, pero el placer que obtienen de los sentidos procede, en realidad, de ellas mismas. Corren frenéticamente tras los placeres sensuales hasta que se hunden en un estado de sufrimiento y desesperación. Después, vuelven a empezar su carrera y se hunden nuevamente. Si no buscáis más que los placeres externos, nunca encontraréis la paz. Aprended a mirar hacia el interior, allí donde reside el verdadero gozo. Pero no lo descubriréis hasta que la

---

[3] En sánscrito dharma significa "lo que da soporte (la Creación)." Comúnmente se utiliza para indicar aquello que es responsable de la armonía del universo. Dharma tiene muchos significados: ley divina, ley de la existencia, rectitud, religión, deber, responsabilidad, virtud, justicia, bondad y verdad. Dharma significa los principios inherentes de la religión. Una definición muy conocida indica que el dharma lleva hacia la evolución espiritual y al bienestar general de todos los seres de la Creación. Adharma es lo contrario de dharma.

mente deje de lanzarse al exterior, hasta que no esté tranquila. En las profundidades del océano, no hay olas. Cuando entréis en las profundidades de vuestra mente, descubriréis que ésta se calma enseguida. Entonces, no habrá más que dicha interior.

Pregunta: Los maestros espirituales parecen conceder más importancia al corazón que al intelecto. Pero, ¿no es el intelecto mucho más importante? ¿Cómo se puede alcanzar algún fin sin el intelecto?

Amma: El intelecto es necesario. Nunca ha dicho Amma que no lo necesites. Sin embargo, cuando a menudo se nos presenta la oportunidad de hacer una buena acción, el intelecto no funciona. Es el egoísmo el que actúa mentalmente, en lugar del intelecto dotado de discernimiento.

El corazón y el intelecto no son dos entidades separadas. Cuando vuestro intelecto ejerce su facultad de discernimiento, de forma natural, os abrís. Y de esa apertura brota espontáneamente un espíritu de inocencia, de compromiso, de humildad y de cooperación. La palabra "corazón" simboliza esa apertura. Basta con mencionar esa palabra para sentir una dulzura agradable. Pero, en la mayoría de los humanos, no vemos más que una inteligencia corriente, y no esa facultad de discernimiento. En realidad, lo que vemos no es el intelecto, sino el ego; y éste es la causa de todos los sufrimientos. A medida que crece el ego, se reduce la apertura de la persona y desaparece el espíritu de compromiso. Y uno no puede actuar sin esas cualidades, ya sea en la vida espiritual o en la mundana.

Hijo, deja que Amma te haga una pregunta. Imagina que estableces unas reglas en el seno de tu familia: " Mi esposa debe vivir de este modo, hablar de tal forma y comportarse así, porque me pertenece." ¿Crees que reinará la paz en tu hogar si insistes en que viva de acuerdo con esas reglas? No. Ahora, imagina que al volver de la oficina, no diriges ni una sola palabra a tu esposa e hijos y te vas directamente a la habitación a continuar con tu tarea administrativa. ¿Se sentirá feliz tu familia? Y si les dices que es tu manera de ser, ¿serán capaces de aceptarlo? ¿Reinará la paz? En cambio, si a tu regreso intercambias unas palabras afectuosas con tu esposa, pasas un rato con los niños, y estás dispuesto, además, a dar un poco de ti mismo y a no mostrarte unilateral, entonces todos os sentiréis felices. Sepamos dar muestras de tolerancia y perdonémonos mutuamente nuestras faltas y debilidades, para que, así, reine la paz y la armonía en nuestra familia. Cuando no le das importancia a las flaquezas de tu cónyuge, es porque le amas, y sigues amándole a pesar de sus errores. En este caso, ¿no es cierto que le estás dando más importancia al corazón? ¿Acaso no actúas de esta manera porque sientes que formas un sólo corazón con la otra persona y eres capaz de vivir con ella? Esa es, precisamente, la actitud que Amma considera y denomina "propia del corazón".

¿Sería conveniente obstinarse en mantener un listado de reglas de comportamiento respecto a nuestros hijos? ¿Se acomodarán éstos a nuestros gustos? ¿Acaso no reaccionarán mostrándose rebeldes?

Por amor hacia ellos, toleramos sus errores y los educamos adecuadamente. El corazón tiene aquí mayor importancia que el intelecto, ¿no es cierto? Cuando así sucede, nos sentimos felices siempre que estamos con nuestros hijos, y los hacemos felices.

Sólo cuando se abren los corazones, los unos a los otros, hay felicidad en el seno familiar. Si dejamos que el intelecto eclipse al corazón, no sentiremos felicidad alguna. Puedes utilizar el intelecto en los negocios y en el trabajo, porque así se te requiere en esas actividades, pero no cuando estés con tu familia. Hasta en la oficina necesitas mostrar cierta tolerancia y apertura de corazón. Si ignoramos esta verdad, sólo habrá discordia e infelicidad.

Cuando permitimos que el corazón ocupe su lugar en nuestra vida, se genera en nosotros una actitud de compromiso, la flexibilidad para saber "aceptar y rechazar". Junto a la capacidad de discernimiento, surge espontáneamente un mayor grado de apertura y un espíritu de cooperación y compromiso. Hoy en día, el intelecto humano se encuentra confinado en los límites del egocentrismo y no ha desarrollado la capacidad para discernir. Eso constituye una gran deficiencia en los seres humanos, ya que, sin cooperación, es difícil que progrese la sociedad. El espíritu de cooperación nos conduce hacia la paz.

Para que una máquina oxidada funcione correctamente, hace falta engrasarla. Lo mismo sucede con el progreso armónico de nuestras vidas; no puede darse si no hay humildad y espíritu de cooperación. Pero esas cualidades no surgirán hasta que desarrollemos nuestro corazón. Ciertamente, es necesario el intelecto en determinadas situaciones, pero no hace falta emplearlo más que en esos casos. En todas las situaciones en las que el corazón deba ocupar un lugar preeminente, debemos concedérselo.

Cuanto más profundos son los cimientos de un nuevo edificio, más plantas se pueden levantar. Lo mismo sucede con la humildad y la apertura de corazón, ya que son la base de nuestro progreso. Cuando el corazón ocupa un lugar preferente en nuestras vidas, desarrollamos humildad y espíritu de cooperación. Nuestras relaciones con los demás serán positivas y pacíficas.

La meta de la espiritualidad comprende también la apertura del corazón, porque sólo aquellos que tienen un gran corazón pueden conocer a Dios. La esencia del Ser se sitúa más allá de la lógica y del intelecto. Tampoco podemos explicar el dulzor del azúcar a quienes nunca lo han saboreado, por mucho azúcar que comamos. Igualmente, es imposible describir con palabras el cielo infinito o medir el perfume de una flor. La espiritualidad es una experiencia que está más allá de las palabras. No se puede saborear su dulzura, si no se va más allá del intelecto y se llega hasta el corazón.

Se cuenta la historia de un pobre labrador que un día vio a una multitud pasar por delante de su choza. Cuando preguntó adónde iban, uno le contestó: " Vamos aquí cerca a recibir, durante tres días, enseñanzas sobre el Bhagavad Gita." El labrador también quiso asistir, y se unió a la multitud. Cuando llegó, se encontró con otras muchas personas, en su mayoría ricas y bien vestidas, con lujosos ornamentos. Como nuestro hombre iba con la ropa de trabajo, toda sucia y hecha jirones, le negaron la entrada. Sintiéndose muy desdichado, se puso a rezar: "Señor, he venido aquí para oír hablar de ti, pero no me dejan entrar. ¿Tan indigno soy que no merezco siquiera oír la historia de tus hazañas? ¿Tan pecador soy? Bien, si esa es tu voluntad, que así sea. Voy a sentarme aquí fuera a escuchar." Y fue a sentarse bajo un árbol de mango para escuchar las enseñanzas, que oía gracias a los altavoces colocados en la sala. Pero el discurso se daba en sánscrito y no comprendía nada. El pobre hombre, con el corazón destrozado, imploró: "¡Oh Señor, no comprendo ni siquiera tu lengua! ¿Tan gran pecador soy?" En ese instante, vio un gran cuadro colocado delante de la sala, que representaba a Sri Krishna sosteniendo las riendas en una mano mientras explicaba el Bhagavad Gita a Arjuna, sentado detrás en el mismo carro. El campesino permaneció allí, mirando el rostro del Señor. Sus ojos se llenaron de lágrimas y perdió la noción del tiempo. Cuando volvió en sí, había terminado la conferencia de aquel día y los oyentes regresaban a sus hogares. Él también volvió a su casa y, de nuevo, se presentó allí al día siguiente. No dejaba de pensar en el rostro del Señor y su único deseo era quedarse allí mirando el cuadro. El tercer día de enseñanzas, fue nuevamente a sentarse bajo el árbol y se quedó absorto mirando el cuadro. Sus ojos se llenaron de lágrimas. La forma del Señor se le apareció interiormente, brillando con todo su esplendor. Cerró los ojos y permaneció allí sentado, contemplando a Sri Krishna, olvidado de sí mismo.

Después de la conferencia, la gente empezó a dispersarse. Cuando salió el erudito que había hablado, vio al labriego sentado inmóvil, bajo el árbol de mango. Las lágrimas rodaban por sus mejillas. El erudito se preguntó sorprendido: "¿Por qué seguirá todavía sentado ahí si ya he terminado la conferencia? ¿Tanto le habrán conmovido mis palabras?" Se acercó al labriego completamente inmóvil y comprobó, por la expresión de su rostro, que desbordaba beatitud. Estaba envuelto en una atmósfera de paz perfecta. El erudito consiguió que el labriego volviera a la conciencia ordinaria y le preguntó: "¿Has disfrutado de mi discurso hasta llegar a ese estado?"

"Señor, -respondió el labriego- no he comprendido ni una sola palabra de lo que ha dicho durante estos tres días, pues no sé nada de sánscrito. Sin embargo, cuando pienso en la situación del Señor, me embarga la tristeza. ¿No ha pronunciado el Señor esas palabras mirando hacia atrás? ¡Cuánto le habrán dolido los hombros al girar la cabeza de esa forma! Por eso lloro así" Nada más pronunciar aquellas palabras, se dice que el labriego alcanzó la iluminación.

Fue la compasión y la inocencia las que le permitieron alcanzar la Auto-Realización. Mientras escuchaba las palabras del labriego, los ojos del erudito se llenaron de lágrimas y sintió una profunda paz que nunca antes había experimentado.

El erudito encargado de las conferencias era sumamente inteligente y en su auditorio había personas con un alto nivel intelectual. Sin embargo, fue el pobre e inocente labriego quien saboreó la dulzura de la devoción y alcanzó suficiente madurez para la Realización. Fue ejemplo de compasión desinteresada, pues no lloró por sí mismo, sino por el sufrimiento que percibió en el Señor.

Cuando la gente visita un templo, suele rezar: "Señor, te lo ruego, dame esto o aquello." Sin embargo, la compasión que el labriego experimentó fue mucho más allá. No había nada de ego en él. Normalmente, no resulta fácil librarse del sentido del ego pero, gracias a su inocencia, el labriego abandonó su individualidad y se bañó en la devoción suprema (parabhakti), en el más alto estado. Había madurado para conseguirlo porque, a diferencia de los otros que actuaban desde el intelecto, él actuó desde el corazón. Por tanto, se vio inmerso en el gozo divino, de forma espontánea y sin esfuerzo; y fue capaz de irradiar algo de esa paz a los que le rodeaban. A través de nuestros corazones, debemos intentar conocer a Dios, pues es ahí donde Él brilla. Dios vive en nuestro corazón.

Las palabras de Amma fluían cada vez más despacio hasta fundirse en un mar de silencio. Sus ojos, llenos de lágrimas de gozo, se cerraron lentamente. Las lágrimas rodaron por las mejillas de esta encarnación de la compasión. Había un pequeño grupo de devotos sentados a su alrededor. Nadie decía ni una sola palabra. Mark se quedó en silencio y cerró los ojos en meditación. Todos los que estaban por allí dejaron lo que estaban haciendo para unirse al pequeño grupo y sentarse cerca de Amma. En aquella atmósfera de puro gozo divino, se calmaron y desaparecieron sus pensamientos. Las mentes se disolvieron en una experiencia inefable y sublime.

Más tarde siguió la conversación.

Pregunta: Si el deseo de una persona por servir a un maestro espiritual es mayor que el deseo de realizar a Dios, ¿seguirá el maestro estando con esa persona en el transcurso de todas sus vidas futuras?

Amma: Si ese es el deseo de un discípulo que está completamente entregado al maestro, éste estará con él, sin duda alguna. Pero el discípulo no debe desperdiciar nunca ni un sólo segundo. Tiene que ser como la barrita de incienso que arde para que otros gocen de su perfume. Cada respiración del discípulo tendría que ser ofrecida para el bien del mundo, y considerar todas sus acciones como un servicio hacia el maestro. Aquel que se entrega totalmente a un maestro espiritual, no tiene que renacer, salvo que la voluntad del maestro le reserve a esa alma un nuevo nacimiento.

Hay distintas clases de maestro. Los que instruyen después de haber estudiado las escrituras y los Puranas, son los llamados gurús. Pero en nuestros días, también son considerados gurús quienes han leído algún libro y profesan algo. Un satgurú es, sin embargo, muy diferente. Es un ser que ha realizado la verdad a través de austeridades y renuncia, y tiene la experiencia directa del estado supremo descrito en las escrituras. Externamente, su apariencia no tiene nada de especial si se le compara con los otros maestros, pero ningún pretendido gurú puede aportaros los beneficios que obtenéis de un satgurú. Los que se anuncian dándose mucha pompa y esplendor, es probable que no tengan un gran desarrollo interior. No os aportará mucho el depender de ellos. La diferencia entre esos maestros y un satgurú es comparable a la que existe entre una bombilla de diez watios y una de mil. La sola presencia de un maestro auténtico os llena de gozo interior y debilita vuestros vasanas (tendencias innatas).

La enseñanza de los satgurús no se limita a sus palabras, más bien son éstas las que se ven reflejadas en sus acciones. En su forma de comportarse vemos cómo las palabras de las escrituras cobran vida. Si estudiáis sus vidas, no hay necesidad de profundizar en las escrituras. Los satgurús son seres totalmente desinteresados. Se les puede comparar con una figura hecha de chocolate o azúcar candi, porque no emanan más que pura dulzura, todo es dulzor. Los satgurús aceptan nacer con el único propósito de elevar al mundo. No son individuos; más bien representan un ideal. A nosotros nos basta con seguir su camino. Los grandes maestros abren nuestros ojos a la sabiduría y disipan las tinieblas.

Dios está presente en todo, pero es el satgurú quien corrige nuestros errores y nos eleva hasta el mundo de Dios. Por eso se dice que el maestro es Brahman, Vishnu y Maheshvara[4]. Para el discípulo, el satgurú es más importante que Dios mismo. Cuando os encontráis con un satgurú, ya no tenéis necesidad de pensar en la Realización, ni inquietaros con respecto a nacimientos futuros. Lo único que hay que hacer, es seguir el camino trazado por el maestro. Al igual que las aguas de una charca buscan las aguas de un río para llegar hasta el mar, cuando os encontréis con el maestro, habréis llegado al lugar en el que necesitáis estar. El maestro se ocupará del resto y os llevará a la meta. Todo lo que debe hacer el discípulo es entregarse de todo corazón a los pies del maestro, y éste no le abandonará jamás.

Pregunta: Amma, en esta época, ¿cuál es el camino más adecuado para alcanzar la Auto-Realización?

Amma: La Auto-Realización no es algo que esté por ahí, en alguna parte. Según Sri Krishna, el yoga es ecuanimidad. Deberíamos ser capaces de verlo todo como Conciencia Divina. Sólo entonces podremos alcanzar la perfección. También tendríamos que ver la bondad en todo. La abeja se concentra únicamente en el néctar de la flor y en su dulzura. Los que siempre ven el lado positivo de las cosas, están preparados para la Realización.

Si realmente deseamos la Realización, debemos ser capaces de olvidarnos del cuerpo. Tenemos que estar absolutamente convencidos de que somos el Ser. Dios no posee ninguna morada especial, ya que reside en nuestro corazón. Hemos de liberarnos de todo

---

[4] En el hinduismo corresponde a los tres aspectos de la Divinidad: Brahman es el Creador, Vishnu el que preserva la creación y Shiva o Maheshvara el que la destruye.

apego y también de la conciencia del cuerpo. Eso es todo lo que se necesita. Entonces, enraizará en nosotros una comprensión profunda: que el Ser no posee nacimiento ni muerte, ni alegría o sufrimiento. Todo el miedo a la muerte se desvanecerá y nos llenaremos de gozo divino.

Un buscador espiritual debería aprender a aceptar cualquier situación con paciencia. Cuando se mezcla miel con sal, el sabor salado se puede eliminar añadiéndole continuamente miel. De igual modo, tenemos que eliminar cualquier traza de animosidad y sentido del ego de nuestro interior, y esto es posible teniendo buenos pensamientos. Cuando la mente se purifica, somos capaces de aceptar cualquier situación con alegría. De esa manera avanzaremos espiritualmente, aunque no seamos conscientes de nuestro progreso.

En el estado de Auto-Realización vemos a los otros como si fueran nuestro propio Ser. Si resbalamos y, al caer, nos hacemos daño en el pie, ¡no culpamos a los ojos por su negligencia ni los castigamos! Atendemos a nuestro pie. Cuando nos herimos en la mano izquierda, nuestra mano derecha se ocupa de consolarla. Igualmente, la Auto-Realización supone perdonar a los que cometen errores porque sentimos que ellos son nuestro propio Ser.

Para los seres realizados, nada está separado del Ser. Pero hasta que no hayamos alcanzado ese estado, todo discurso sobre Auto-Realización no será más que palabras, pues no están impregnadas del poder de la experiencia. Sin la ayuda de un satgurú, es imposible alcanzar ese nivel de conciencia, ese nivel de experiencia. Todo lo que tenéis que hacer, es seguir las palabras del maestro.

La Auto-Realización no es algo que se pueda comprar. Lo que se necesita es una transformación en vuestra actitud. Las personas no saben que su esclavitud es irreal. Sobre esta cuestión se cuenta la historia de una vaca que era atada por las noches en su establo. Un día, en lugar de atarla, se contentaron con entrarla al establo y cerrar la puerta. El lazo yacía en el suelo. A la mañana siguiente, cuando el propietario abrió la puerta para que saliera, la vaca no se movió. Lo intentó a empujones, pero la vaca rehusó avanzar. Empleó el bastón, y tampoco consiguió nada. Entonces se dijo: "Anoche no até a la vaca, tal vez piense que está atada como todos los días ¿Y si hago ver que la desato?" Tomó el extremo de la cuerda e hizo el gesto de desatarla. La vaca abandonó enseguida el establo.

Los seres humanos son así. No están encadenados y sin embargo creen estarlo. Es necesario que desaparezca esa ilusión. Basta con comprender que no estáis en absoluto encadenados. Pero sin la ayuda de un verdadero maestro, no llegaréis a cambiar esa concepción errónea. Eso no significa que el maestro os aporte la Auto-Realización. Su tarea consiste en convenceros de que no estáis encadenados. Si lo estuvierais realmente, os tendrían que desencadenar primero.

Para ver el sol reflejado en el agua, hace falta que las olas se calmen. De igual manera, para que podamos ver el Ser, deben calmarse las olas de la mente. No es necesario crear una imagen, pues si conseguimos que las olas se calmen se revelará la imagen.

No se puede ver un reflejo en un cristal transparente. Hay que pintar un lado del cristal con pintura especial. Igualmente, cuando la pintura del altruismo se aplica en nuestro interior, podemos ver a Dios.

Mientras se mantenga el ego, no podemos ser desinteresados. El maestro hace que el discípulo atraviese determinadas situaciones para destruir su ego, y así el discípulo aprende a liberarse, como una piedra que se deja cincelar por el escultor. Al estar cerca del maestro y recibir sus consejos, el discípulo desarrolla paciencia sin apenas percibirlo. El maestro le hace pasar por determinadas situaciones para probar su paciencia y, posiblemente, esto le irrite. Por ejemplo, le puede dar un trabajo que no le guste. Tan pronto surja en el discípulo la irritación y el deseo a desobedecer, el maestro lo animará para que reflexione. De este modo, encontrará en sí mismo la fuerza necesaria para trascender las situaciones difíciles. El maestro utiliza así situaciones varias para eliminar las flaquezas del discípulo y hacer que se fortalezca, lo que le permitirá trascender el ego. Por eso nos amparamos en un maestro a fin de eliminar el ego.

Una caracola no resonará, a menos que la vaciemos de su carne. De igual modo, hasta que no estemos libres de ego, no podremos alcanzar nuestra meta espiritual. Cuando el abandono de sí es total, el sentimiento de "yo" deja de existir, y no hay más que Dios. Ese estado no se puede describir mediante palabras.

Si después de acercaros a un maestro, os preocupáis por saber cuándo alcanzaréis la Realización, eso significa que no estáis aún totalmente abandonados al maestro, que vuestra fe en él no es completa. Cuando estéis con un maestro, sólo tendríais que preocuparos de seguir sus instrucciones al pie de la letra, olvidando cualquier otro pensamiento. Eso es todo lo que el discípulo debe hacer. Un verdadero discípulo deja incluso, en manos del maestro, el deseo de Realización. Su única meta es la obediencia completa al maestro. El maestro es la perfección misma. No hay palabras para describir el amor y el respeto que el discípulo siente hacia el maestro.

Pregunta: Si tenemos una caída, incluso después de vivir cerca de un maestro, ¿estará él ahí para salvarnos en nuestra próxima vida?

Amma: Obedeced siempre las palabras del maestro. Consagraos totalmente a sus pies y considerad todo lo que suceda después como la voluntad del maestro. Como discípulo, no deberías ni siquiera pensar en la posibilidad de una caída. Esta clase de pensamientos revela una debilidad; significa que no tenéis verdaderamente fe en vosotros mismos. Y si no creéis en vosotros mismos,

¿cómo vais a tener fe en el maestro? El maestro no abandonará jamás al discípulo que le rece sinceramente. Por tanto, el discípulo debe refugiarse totalmente en él.

Pregunta: ¿Qué significa el verdadero servicio al maestro?

Amma: Cuando hablamos de un maestro auténtico, no hablamos de un individuo, sino de la Conciencia Divina, de la Verdad. El maestro está presente en todo el universo. Necesitamos comprenderlo, pues sólo así progresaremos espiritualmente. Un discípulo no debería apegarse nunca al cuerpo físico del maestro. Debemos ampliar nuestro punto de vista y considerar a todo ser, animado o inanimado, como el maestro, y servirlo con devoción. Gracias a nuestro vínculo con el maestro, conseguimos esta apertura de espíritu. La mente de un discípulo va madurando al escuchar las palabras del maestro y, observando sus acciones, se eleva hasta ese nivel, sin percatarse siquiera. Por el contrario, el servicio realizado por alguien que desea estar físicamente próximo al maestro por razones puramente egoístas, no es auténtico servicio al maestro.

El vínculo del discípulo con el maestro debería ser tan fuerte que tendría que resultarle imposible soportar un sólo instante de separación. Pero, al mismo tiempo, debería mantener el corazón lo suficientemente abierto para servir a los demás hasta el punto de olvidarse de sí mismo. Servid al prójimo pensando que estáis sirviendo al maestro. Así es como se comporta el auténtico discípulo, el que ha asimilado la esencia real del maestro. El maestro siempre estará con ese discípulo.

Cuando vemos un árbol de mango, nuestra atención se fija en el fruto y no en el árbol. Sin embargo, no por eso olvidamos cuidar el árbol. Así, aunque el discípulo sepa perfectamente que el maestro no es el cuerpo, sino la Conciencia omnipresente, no dejará de ver el cuerpo del maestro como un bien preciado y considerará el servicio personal al maestro de más valor que su propia vida. Un verdadero discípulo descubre que está dispuesto a dar su vida por el maestro. Y, sin embargo, no considera al maestro como un individuo limitado. Ve al maestro en todos los seres vivos. Y comprende, así, que servir a cualquiera de ellos es servir al maestro. Un discípulo auténtico obtiene de este servicio alegría y contentamiento interior.

Pregunta: Si el maestro no está realizado, ¿qué nos aporta el entregarnos a él? ¿No se sentirá el discípulo engañado? ¿Cómo podemos saber si un maestro espiritual está Realizado o no?

Amma: Es difícil decirlo. Cada uno sueña con ser la mayor estrella de cine actual o identificarse con ella. Algunos están dispuestos a hacer cualquier cosa o tratar de imitarla con tal de conseguirlo. De forma parecida, hay muchas personas que quieren hacerse pasar como maestros espirituales cuando ven el respeto y las atenciones que se les dispensa. Si hiciéramos una lista de las características de un maestro perfecto, eso facilitaría las cosas a los impostores. La gente común se dejaría engañar con sus trucos. Por tanto, es mejor no elucubrar sobre la naturaleza de un satgurú, ni conviene tratarlo públicamente.

Las escrituras han descrito algunas características de un maestro. Siempre es difícil utilizar los criterios que observamos en un maestro para determinar si otra persona es un maestro verdadero o no. Cada maestro actúa a su manera. Por mucho que leáis o estudiéis, os será difícil encontrar un maestro perfecto, a menos que tengáis un corazón puro. En casi todos los maestros están presentes la renuncia, el amor, la compasión y el auto-sacrificio. Pero un maestro puede adoptar diferentes papeles para probar a sus discípulos. Sólo un discípulo de corazón puro es capaz de aceptarlo. Si un aspirante espiritual inicia su búsqueda con un sincero anhelo y un corazón puro, encontrará a un verdadero maestro. Pero el maestro también someterá a prueba al discípulo.

Aunque un buscador caiga en manos de un falso maestro, si el buscador tiene un corazón puro, su inocencia le conducirá igualmente a la meta. Dios le abrirá camino. En lugar de perder el tiempo probando y comparando maestros, es mejor rezar a Dios para que os ayude a ser discípulos perfectos y os guíe hacia un maestro perfecto. Sólo cuando el intelecto y el corazón se funden, puede un discípulo reconocer realmente a un verdadero maestro.

Pregunta: Madre, ¿de qué manera pone a prueba el maestro a sus discípulos?

Amma: No se puede redactar una lista de reglas generales, como si fueran consejos para superar un examen. El maestro guía al discípulo según los vasanas que ha adquirido en el curso de sus vidas anteriores. En una situación idéntica, el maestro puede comportarse de forma muy distinta. Vosotros, quizás, no comprenderéis el porqué, pero él conoce la razón. El maestro decide el procedimiento a seguir para debilitar los vasanas de un determinado individuo y guiarlo hacia la meta. El factor que ayudará al discípulo a progresar espiritualmente será su voluntad de ceder a la decisión del maestro.

Si dos discípulos cometen el mismo error, el maestro puede encolerizarse con uno y mostrarse lleno de amor hacia el otro, haciendo como si nada hubiera pasado. El maestro conoce el grado de madurez y de fuerza mental de cada discípulo. Es posible que otras personas, a causa de su ignorancia, critiquen al maestro al ver estos hechos. Pero ellos sólo ven lo que pasa en el exterior. Su visión no es lo bastante profunda como para ver los cambios que se producen en el discípulo.

Hasta que la semilla no se abre, el árbol no puede crecer. De forma similar, no podéis conocer la Verdad sin destruir totalmente el ego. El maestro someterá al discípulo a diferentes pruebas para ver si ha sido guiado por un breve impulso de entusiasmo, o por amor hacia la meta espiritual. Estas pruebas son comparables a las preguntas sorpresa en clase. Los discípulos no están prevenidos y el maestro tiene la tarea de medir la paciencia, la renuncia y la compasión de éstos, ver si desfallecen ante ciertas situaciones o si tienen la fuerza suficiente para superarlas. Los discípulos están destinados a ser guías para el mundo. Miles de personas podrán acudir algún día a ellos, confiando plenamente. Han de tener suficiente fuerza interior, madurez y compasión para no defraudar esa confianza. Si un discípulo se va a servir al mundo sin esas cualidades, y carece de la suficiente pureza interior, cometerá la peor de las traiciones. Y, como resultado, el que supuestamente estaba destinado a proteger al mundo, se convierte en un enemigo destructor.

El maestro somete, así, al discípulo a numerosas pruebas para formarlo correctamente.

Un día, un maestro dio una piedra a su discípulo y le pidió que hiciera una estatua. El obediente discípulo renunció a comer y a dormir para acabarla cuanto antes. Una vez terminada la estatua, se la llevó al maestro y la depositó a sus pies. Se sentó humildemente a su lado, con las manos juntas y la cabeza inclinada. El maestro lanzó una mirada a la escultura, la cogió y la lanzó al suelo. Ésta se rompió en mil trozos. "¿Así se hace una estatua?", dijo el maestro encolerizado. El discípulo miró los trozos y pensó: "¡He trabajado duro sin comer ni dormir durante días, y no he recibido ni una sola palabra amable!" El maestro conocía sus pensamientos; le dio otra piedra y le pidió que cincelara otra escultura. El discípulo se fue e hizo otra estatua, aún más bella que la anterior. Fue de nuevo a ver al maestro pensando que esta vez, seguramente, se sentiría satisfecho. Pero cuando el maestro vio su obra, se volvió rojo de cólera. "¿Es que te burlas de mí? ¡ Ésta es mucho peor que la primera!" Y también la rompió. Miró al discípulo que permanecía allí, humildemente, con la cabeza inclinada. El discípulo no fue capaz de mostrar ningún resentimiento hacia el maestro, pero estaba un poco triste. El maestro le dio otra piedra y le pidió que volviera a empezar de nuevo. El discípulo esculpió la nueva estatua con un gran cuidado. Era una obra maestra que depositó a los pies del maestro, Pero éste la agarró y la rompió al instante, reprendiendo severamente al discípulo. Esta vez, el discípulo no experimentó ni cólera ni tristeza, sólo pensó: "Si ese es el deseo de mi maestro, que así sea. Todo lo que él hace es por mi bien." Tal era el grado de entrega personal en ese momento. El maestro le dio todavía otra piedra más. El discípulo la aceptó con alegría y regresó con otra estatua, de una belleza excepcional. El maestro la volvió a romper, pero no hubo en el discípulo el menor cambio en su estado de ánimo. El maestro estaba muy contento. Puso las manos sobre la cabeza del discípulo y lo bendijo. Observando las acciones del maestro, un testigo habría podido pensar que era cruel o que estaba, incluso, loco. Sólo el maestro y el discípulo sabían lo que realmente se estaba produciendo. Cada vez que el maestro rompía una de las estatuas, esculpía otra, real, en el corazón del discípulo. Era el ego del discípulo lo que rompía. Sólo un satgurú puede lograrlo y sólo un verdadero discípulo puede saborear el gozo que se desprende de esa acción.

El discípulo debe comprender que el maestro sabe, mucho mejor que él, lo que le conviene y lo que no, y también lo que necesita en cada momento. Nunca debería uno aproximarse a un maestro para conseguir una mejor posición o fama. Se va en su busca con el deseo de entregarse totalmente. Si sentís ira o resentimiento cuando el maestro no os alaba, ya sea a vosotros o a vuestras acciones, es que no estáis preparados para ser discípulos. Rogad para que desaparezca vuestra ira. Comprended que todas las acciones del maestro son para vuestro bien.

Algunos se dicen: "A pesar de los años que he pasado cerca del maestro, ¡todavía me sigue tratando de esta manera!" Esa idea no demuestra más que su falta de entrega. Sólo los que se postran a los pies del maestro durante toda su vida, y no sólo unos cuantos años, son los verdaderos discípulos. Mientras perdure la idea de que "Soy el cuerpo, la mente y el intelecto", harán su aparición la cólera, la aversión y el egoísmo. Precisamente, para liberarse de todas esas tendencias negativas, el buscador se refugia en un maestro espiritual. A no ser que nos entreguemos completamente al maestro, no habrá modo de vencer nuestra negatividad. La convicción de que todo lo que hace el maestro es por nuestro bien, debe estar firmemente enraizada en nuestra mente. Nunca deberíamos permitir que el intelecto juzgue alguna de las acciones del maestro.

Hijos, nadie puede predecir cómo serán las pruebas que nos imponga el maestro. La única forma de superarlas, es aceptarlas sin reserva alguna. En realidad, son muestras de la compasión del maestro hacia el discípulo, pues éstas pretenden debilitar los vasanas. Sólo a través de la entrega de uno mismo, se puede obtener la gracia del maestro.

Un joven fue al encuentro de un maestro y le pidió que lo aceptara como discípulo. El maestro contestó: "Hijo, tú no tienes la madurez mental necesaria para seguir una vida completamente espiritual. Aún tienes que consumir prarabdha[5]. Espera un poco más."

Pero el joven no quiso irse. Insistió tanto que el maestro acabó por aceptarlo como discípulo. Poco después, el maestro inició en sannyasa (renuncia) a todos sus discípulos, menos a él. El discípulo no podía soportar aquello y se sintió lleno de ira contra el maestro. Exteriormente no mostraba su enfado, pero empezó

---

[5] El fruto de las acciones pasadas de esta u otras vidas anteriores, que se manifiesta en esta vida.

a hablar mal de su maestro a todos los que llegaban al ashram. El maestro lo sabía, pero no decía nada. Al cabo de un tiempo, el discípulo llegó, incluso, a expresar sus críticas en su presencia. Como el maestro conocía muy bien su naturaleza, sabía que ningún consejo lo haría cambiar y que sólo aprendería a través de la experiencia. Por tanto, el maestro guardó silencio.

Por aquel tiempo, decidió preparar un gran sacrificio (yagna) para el bien del mundo, lo que requería numerosos ingredientes para ofrecerlos en el fuego sagrado. Una familia de la vecindad propuso proveer todo lo necesario. Durante el desarrollo del yagna, al joven le fue encargado ir a buscar cada día las ofrendas que una joven de la familia le entregaba. Desde que la vio, el joven se sintió atraído por ella. Su sentimiento era cada vez mayor. Un día, incapaz de controlar su mente, le cogió la mano. Sin dudarlo un instante, ella cogió un bastón que había en el suelo y le golpeó en la cara.

Tan pronto como el maestro vio al discípulo regresar con el rostro tapado, comprendió lo que había ocurrido. Le dijo: "¿Comprendes ahora por qué no quería aceptarte como discípulo, al principio, y por qué no he hecho de ti un sannyasi? ¡Qué vergüenza si hubieras actuado así, llevando el hábito ocre de los monjes! Habría sido una gran traición para todos y también para el linaje de los sannyasis. Ve a vivir en el mundo durante un tiempo, hijo. Te llamaré cuando llegue el momento." Sólo entonces comprendió el discípulo su error; y se postró a los pies del maestro.

Una persona no se convierte un médico experto cuando supera los exámenes universitarios. Tiene que practicar, como interno, junto a un médico experimentado y adquirir experiencia en el tratamiento de diversas enfermedades. Llegar a ser un buen médico exige un duro esfuerzo y una práctica continua. De forma parecida, no basta con estudiar libros espirituales, hay muchas inestimables lecciones que aprender yendo por el mundo y trabajando constantemente con las personas. El satgurú dispone todas las situaciones necesarias para el progreso del discípulo que anhela recibir instrucciones espirituales. No basta con permanecer sentado con los ojos cerrados y meditar para que desaparezcan vuestros vasanas. Las impurezas de vuestra mente sólo desaparecerán, si tenéis una fe total en el maestro, si tenéis la humildad y la apertura de espíritu necesarias para entregaros. La entrega de sí mismo es comparable al quitamanchas que utilizamos en la ropa. Borra las impurezas de la mente y los vasanas. Contrariamente a lo que piensan algunos, el hecho de abandonarse a un satgurú no es una forma de esclavitud; es la puerta que da acceso a la auténtica independencia y libertad.

Cualesquiera que sean las tentaciones, la mente del discípulo ha de permanecer firme: este es el verdadero abandono de sí mismo. Esta actitud no se puede comprar, tiene que desarrollarse de forma natural. Cuando el discípulo posee ese grado de abandono de sí mismo, alcanza la plenitud en todos los sentidos.

Pregunta: Si el maestro espiritual conoce la naturaleza del discípulo desde el momento en que lo ve ¿para qué sirven, entonces, todas esas pruebas?

Amma: El maestro conoce la naturaleza del discípulo mejor que éste último, quien debe adquirir conciencia de sus propias debilidades. Es indispensable para que las pueda trascender y progresar. En nuestros días, es difícil encontrar discípulos que muestren obediencia verdadera a su maestro espiritual y sean realmente conscientes de la meta. Hasta se suele censurar y criticar a los maestros espirituales, si no ceden al egoísmo de los discípulos. Gracias a su infinita compasión, se esfuerzan, sin embargo, en guiarlos hacia el camino correcto. En otro tiempo, era el discípulo el que esperaba pacientemente delante del maestro; hoy es el maestro quien espera delante del discípulo. Su único propósito es el de conducirlo hacia el estado supremo, por cualquier medio y, para lograrlo, está dispuesto a todos los sacrificios.

Es posible que digáis: "Pero ¿no es una esclavitud obedecer siempre al maestro?" Sin embargo, esa esclavitud no hace ningún mal al discípulo; ¡Al contrario, lo libera para la eternidad! Contribuye a despertar al Ser en su interior. Para que una semilla se convierta en un árbol majestuoso, debe dejarse hundir bajo la tierra.

Si derrochamos las semillas comiéndolas, calmaremos el hambre durante un instante. Pero es mucho más provechoso plantarlas y dejar que lleguen a ser árboles. Darán frutos durante años y ofrecerán una sombra refrescante a los caminantes abatidos por el calor ardiente del sol. Un árbol da sombra incluso al que lo corta.

En lugar de ceder a nuestro ego, es mejor abandonarse al maestro. Si lo hacemos, seremos capaces de aliviar el sufrimiento de innumerables personas. El hecho de abandonarse al maestro y obedecerle no es nunca esclavitud, es una señal de valor. Una persona valerosa se abandona al maestro espiritual para eliminar su ego.

No nos conviene aferrarnos a una pequeña parcela, rodearla con una cerca y decir que nos pertenece, pues estaremos renunciando por apego a la soberanía del universo. Librémonos simplemente del sentido del ego. Los tres mundos se arrodillarán entonces ante nosotros. Hoy en día, la mayor dificultad para un maestro es encontrar discípulos dignos de llevar ese nombre. Muchos de ellos son personas que pasan un tiempo cerca del maestro para luego ir, ellos mismos, a fundar un ashram y dárselas de maestros. Si las personas se postran ante ellos, hacen alarde de grandeza. El maestro es consciente y se esfuerza en destruir completamente el ego del discípulo. Recordad que toda situación creada por el maestro perfecto, es un regalo de su gracia para aniquilar el ego que desfigura la personalidad del discípulo y revelar la belleza del

Ser que permanece en él. Es el camino que conduce a la libertad final, a la Divinidad y a la paz eterna.

Entrevista con la Madre Divina

Entrevista concedida a una revista de lengua inglesa.

Pregunta: ¿Cuál es el mensaje de la vida de Amma?

Amma: La vida de Amma es su mensaje, y este mensaje es el amor.

Pregunta: Los que te han conocido no se cansan de alabar tu amor. ¿Por qué?

Amma: Amma no manifiesta deliberadamente un amor especial hacia algo o alguien. El amor fluye sin más, natural y espontáneamente. Amma no puede rechazar a nadie. No conoce más que un sólo idioma, y ese idioma es el del amor, el que todo el mundo comprende. La mayor pobreza en el mundo actual, es la ausencia de un amor desinteresado.

Todos hablan del amor y dicen que se aman, pero no se puede llamar a eso verdadero amor. Lo que las personas consideran hoy en día que es amor, está manchado de egoísmo. Se parece a una pieza de bisutería barata, bañada en oro: tiene una buena presencia, pero es de mala calidad y no dura mucho.

Había una vez una muchacha que se puso enferma y fue ingresada en el hospital. Cuando llegó el momento de volver a su casa, le dijo a su padre: "Papá, las personas de este hospital han sido muy amables conmigo ¿me amas tú tanto como ellos? Los médicos y las enfermeras me han cuidado y todos me aprecian mucho. Me preguntan cómo me encuentro y se ocupan de todo lo que necesito. Me hacen la cama, me traen la comida a la hora y nunca se enfadan conmigo. ¡Mamá y tú siempre me reñís!" En aquel momento, el recepcionista le entregó al padre un papel. La pequeña preguntó qué era y el padre contestó: "¿No estabas contándome todo lo que estas personas te amaban? Pues bien, ¡aquí tienes la factura con el precio de ese amor!"

Hijos míos, así es la naturaleza del amor que encontramos hoy en día. Tras el amor aparente se esconde siempre una u otra forma de egoísmo. La mentalidad del trueque, que es propia del mercado, se ha introducido en las relaciones humanas. Muchas personas, cuando conocen a alguien, lo primero que piensan es: "¿Qué puedo conseguir de esa persona?" Si no hay nada que ganar, dejan de interesarse por esa relación. Y si se comprometen en una relación pero les aporta poco beneficio, hacen que esa relación se debilite pronto. Ese es el egoísmo que domina en la mente de las personas y, como resultado, la humanidad sufre.

Actualmente, encontramos familias de tres miembros, y cada uno de ellos vive como si fuera una isla. El mundo ha degenerado hasta tal punto que muchos desconocen lo que es la auténtica paz y la armonía. Hace falta que eso cambie. Es el altruismo el que debe florecer, en lugar del egoísmo. Dejemos de comerciar los unos con los otros, bajo el pretexto de establecer relaciones. El amor no debería ser una atadura, sino el soplo mismo de la vida. Ese es el anhelo de Amma.

Cuando desarrollamos la actitud de "Soy amor, la encarnación del amor" no necesitamos ir en busca de paz, pues es la paz misma la que sale a nuestro encuentro. En este estado de apertura mental, todos los conflictos se desvanecen, igual que la niebla al levantarse el sol.

Pregunta: Alguien ha dicho: "¡Si queréis saber cómo sería el amor si adoptara una forma humana, os bastaría con mirar a Amma!" ¿Podría decirnos algo al respecto?

Amma (riendo): Si tenéis cien rupias y dais diez, no os quedan más que noventa. Pero en el amor, es diferente. No importa el amor que deis, pues nunca se agota. Cuánto más dais, más tenéis, es como un manantial inagotable que llena los pozos a medida que sacáis el agua. Amma no sabe más que una cosa: que su vida debería ser un mensaje de amor. Esa es su única preocupación. Las personas nacen para ser amadas y viven por el amor, pero eso es lo más difícil de encontrar hoy. El mundo sufre escasez de amor.

Pregunta: Amma reconforta a todos los que acuden a ella acogiéndolos en sus brazos. ¿No va eso en contra de las costumbres de tu país?

Amma: Las madres toman a sus bebés en brazos y los miman, ¿No es cierto? Nuestro país siempre ha valorado la relación madre e hijo. Amma no percibe a los que acuden a ella como diferentes, como si estuvieran separados de ella. Si sentís dolor en alguna parte del cuerpo, vuestra mano se dirige instintivamente a esa parte para aliviar el dolor. Para Amma, la tristeza y el sufrimiento de los demás son también suyos. Cuando una madre ve a su hijo llorar de dolor ¿se contentará con mirarlo, sin hacer nada?

Pregunta: ¿Amas más a los pobres y abandonados que al resto?

Amma: Amma es incapaz de ser parcial, su amor es igual para todos. Cuando una lámpara alumbra delante de una casa, todos los que se acercan reciben la misma cantidad de luz, no hay más luz para unos y menos para otros. Pero si mantenéis las puertas cerradas y os quedáis en el interior, permaneceréis en las tinieblas. De nada sirve seguir en la oscuridad, y luego culpar a la luz. Si queréis luz, abrid las puertas de vuestro corazón y salid.

El sol no necesita ninguna vela para que ilumine su camino. Algunos creen que Dios está sentado en un trono, en algún lugar en los cielos, y se gastan grandes cantidades de dinero para complacerle. Pero la gracia de Dios no se obtiene con dinero. Lo que más aprecia Dios es el servicio a los pobres. Si un pobre recibe ayuda y consuelo, eso le complacerá a Dios mucho más que los millones que se gastan en organizar una fiesta religiosa ostentosa. Cuando Dios os ve enjugar las lágrimas de un alma que sufre, su gracia desciende en oleadas sobre vosotros. Dios acude raudo a un corazón tan puro y hace de él su morada. Un corazón compasivo es para Dios el asiento más preciado, mucho más que un diván recubierto de seda o un trono de oro.

Amma no mora más que en el corazón de sus hijos. Ella no los juzga según su situación económica, ni según su posición social. Ninguna madre digna de este nombre pensaría en cosas parecidas. Pero si una persona que sufre se acerca a Amma, su corazón se llena de compasión al ver su pena. Amma siente esa tristeza como si fuera la suya propia, y hace todo lo posible para consolar a esa persona.

Pregunta: Amma ¿No te sientes fatigada después de dedicar tanto tiempo a tus devotos?

Amma: El amor no conoce la fatiga. Una madre lleva a su hijo en brazos durante horas. ¿Acaso considera a su hijo como una carga?

Pregunta: Amma se encontró, en otros tiempos, con una gran oposición. ¿Podría decir alguna cosa al respecto?

Amma: Eso tenía poca importancia a los ojos de Amma, pues conocía la naturaleza de la gente. Imaginad que vais a ver unos fuegos artificiales y sabéis cuándo van a estallar provocando un gran ruido. Seguro que no os sobresaltaréis en el momento de la explosión. El que sabe nadar disfruta jugando con las olas del mar y no siente ningún miedo. Amma conocía ya la naturaleza de la gente. Por tanto, los obstáculos que surgían en su vida, no empañaban su alegría interior. Ella consideraba a los que se le oponían como espejos. La incitaban a mirar en su interior. Esta era la actitud de Amma hacia ellos. Los lamentos y la tristeza sólo existen cuando pensáis que sois el cuerpo. En los reinos del Ser, no hay lugar para el dolor. Cuando Amma contempló la naturaleza del Ser, vio claramente que no era una charca estancada, sino un río fluyendo libremente.

Muchas personas van al río, enfermos o con buena salud. Algunos beben agua, otros se bañan, lavan su ropa o incluso escupen dentro. El río no se queja de la forma cómo lo tratan, continúa fluyendo. No se lamenta si se utiliza su agua para un ritual de adoración o para bañarse. Fluye, acariciando y purificando a los que entran en sus aguas. Pero el agua de una charca se queda estancada y sucia, y acaba oliendo mal.

Cuando reconoció Amma este hecho, no le afectaron lo más mínimo ni la oposición que tenía que afrontar, ni el amor que recibía. Todo ello carecía de importancia. El sufrimiento nace de la idea "Yo soy el cuerpo". En los reinos del Ser, no hay lugar para el dolor. Amma no percibía a nadie como separado de ella misma. Consideraba las debilidades de los otros como las suyas. Entonces, no sentía estas pruebas como dificultades. Algunos lanzaban estiércol contra este árbol; pero, para Amma, se transformaba en abono. Y todo eso se reveló, finalmente, conveniente.

Pregunta: Amma, ¿no estás establecida en la experiencia del Ser? Entonces, ¿por qué rezas?, ¿qué necesidad tienes de hacer práctica espiritual?

Amma: Si Amma ha tomado este cuerpo es por el mundo, no para Ella misma. Y no ha venido a este mundo para quedarse sentada y declarar: "Soy una encarnación divina". ¿Acaso un buen maestro, si lo es, puede permanecer ocioso? La meta de Amma es guiar a las personas y elevar, así, al mundo. Amma ha venido para mostrar el camino recto.

Para comunicarnos con los sordos, utilizamos el leguaje de los signos, ¿No es cierto? Si pensamos "Yo no soy sordo, ¿por qué tengo que utilizar todos estos signos con las manos?" En ese caso, la persona sorda no comprendería nada de lo que nosotros le decimos. Para ella, los signos son necesarios. De igual manera, si queremos elevar a los que desconocen su verdadera naturaleza, es necesario ponerse a su nivel. Viviendo entre ellos y dándoles ejemplo, se les enseña que deben entonar cantos devocionales, meditar, servir de forma desinteresada; en resumen, todo. Con el fin de elevar al mundo, Amma adopta muchos papeles. Todos estos papeles son para el bien del mundo. Las personas vienen al ashram en coche, autobús, avión o barco. Amma no les pregunta cómo han llegado, ni les dice que deban venir sólo en avión. Cada uno utiliza el medio de transporte que más le conviene. De modo similar, son numerosos los caminos que llevan a la realización del Ser. Amma le indica a cada persona el camino que más se ajusta a su disposición mental. Un alumno dotado para las matemáticas, le conviene optar por estudios científicos, pues aprenderá esas materias más fácilmente que otros y progresará con gran rapidez en sus estudios. Los que tienen la capacidad intelectual necesaria para captar el sentido de las escrituras, están más preparados para meditar sobre el sentido de las palabras: "neti, neti" (ni esto, ni eso) a nivel del intelecto y progresar de esa manera. Semejante práctica exige, sin embargo, un intelecto sutil y un conocimiento importante de las escrituras. Por tanto, una persona corriente no podrá conseguirlo.

Muchos de los que vienen al ashram por vez primera, apenas conocen la palabra espiritualidad. Entonces ¿qué vienen a hacer estos hijos aquí? Para comprender realmente los libros sagrados, como el Bhagavad Gita, se precisa un determinado nivel de estudios o bien el contacto con un maestro espiritual. Pero también es necesario que los que no tienen nada de todo eso, progresen igualmente. Sólo los que realmente poseen la facultad de discernir pueden seguir la vía del "neti, neti" Y sólo los que han estudiado las escrituras son capaces de encontrar las palabras que mejor se adaptan a cada situación, y meditar profundamente en ellas. ¿Cómo iba Amma a rechazar a los que no pueden? ¿No hay que elevarlos también a ellos? Para eso, conviene saber el nivel de cada persona y descender a ese nivel.

Entre los visitantes, hay muchos que carecen de estudios, otros saben leer, pero son demasiado pobres para comprarse libros. Algunos han adquirido conocimientos gracias a la lectura, y los hay que han leído mucho, pero son incapaces de poner en práctica lo leído. Cada persona necesita ser guiada según el medio cultural en el que ha crecido. Brahman (La Realidad absoluta, el Ser supremo) no puede ser expresado con palabras. Brahman es pura experiencia, Brahman es la vida. Es un estado en el que uno percibe a todos como si fueran su propio Ser. Este estado tendría que convertirse en nuestra misma naturaleza. Convertirnos en flor, en lugar de contemplarla. Esforcémonos en abrirnos como flores. En esa tarea deberíamos emplear nuestra vida, y para eso tendrían que servir nuestros estudios. Aprender de corazón no es difícil; lo difícil es poner en práctica lo que hemos aprendido. Los rishis (sabios) de otros tiempos ilustraban las grandes verdades espirituales dando ejemplo de su vida. En nuestros días, la gente prefiere enzarzarse en disputas verbales después de leer y memorizar las palabras de los sabios.

Las pujas (rituales sagrados) y la oración son diferentes facetas de Brahman.

Pregunta: Amma, en tu ashram se concede una gran importancia al servicio. ¿No es un obstáculo la acción para la verdadera contemplación del Ser?

Amma: Las escaleras que llevan a los pisos superiores están hechas de ladrillos y cemento. La última planta también está construida con ladrillos y cemento. Sólo accediendo a la última planta sabréis que no hay ninguna diferencia entre ellas. Y, sin embargo, las escaleras son necesarias para llegar. Así, para alcanzar la realización del Ser, son necesarios algunos medios.

Un hombre alquiló un inmueble principesco, y vivió como si fuera el rey de la región. Un día, durante la visita de un hombre santo, se comportó con mucha arrogancia e hizo gala de una gran realeza. El hombre santo le dijo: "¿Está seguro de que este palacio le pertenece? Sugiero que le pregunte la verdad a su conciencia. Usted sabe bien que no se trata más que de un inmueble alquilado. No hay nada aquí que pueda considerarlo suyo, no le pertenece ni un sólo objeto de esta casa. Y, sin embargo, ¡se imagina que todo es suyo y que usted es un rey!" Son muchos los que hoy se comportan así. Leen gran cantidad de libros y parlotean respecto a sus lecturas, son como los cuervos que graznan en la playa[6].

Sus discursos no tienen nada que ver con la vida que llevan. Quienes poseen una cierta comprensión de las escrituras, no pierden su tiempo argumentando. Aconsejan a los que se les acercan y se esfuerzan en ayudarles a progresar. Cada uno tiene que seguir el camino más adecuado a sus aptitudes mentales. Por eso el Sanatana Dharma, la religión eterna (Sanatana Dharma es el nombre tradicional del Hinduismo) propone tantas vías diferentes. Las vías se adaptan al nivel de cada persona y están concebidas para elevarlos. No se trata de abarrotar la mente con el advaita (no-dualidad), se trata de vivirlo. Sólo así puede ser experimentado.

---

[6] En muchas partes de Kerala, las playas están pobladas de cuervos.

Algunos vienen aquí y se proclaman expertos en Vedanta. Dicen que son pura Conciencia y se preguntan: "¿Existe otro Ser que pueda servir al Ser? ¿Qué sentido tiene el servicio en un ashram en donde los buscadores espirituales se esfuerzan por realizar el Ser? ¡No tengo la menor duda de que basta con el estudio y la contemplación!" Estas son sus palabras. En los tiempos védicos, incluso los mahatmas adoptaban el vanaprashta[7] y el sannyasa, una vez que habían pasado por el estado de grihasthashrama (una vida familiar orientada hacia la espiritualidad). La mayor parte de su karma prarabdha (el trabajo que uno debe hacer para consumir sus deudas kármicas) se había agotado por entonces, y no les quedaba más que un número limitado de días para vivir. En los ashrams a donde se dirigían, se realizaba mucho servicio desinteresado. Los discípulos que estudiaban el Vedanta servían allí al maestro con una entrega total de sí mismos. Los discípulos iban a recoger madera y se ocupaban de las vacas.

¿No conocéis la historia de Aruni, el que protegió los campos? Para impedir que el agua, que salía por la brecha de un pequeño muro, inundara los campos y destruyera la cosecha, se tumbó contra el muro roto e impidió la salida del agua. Para estos discípulos, nada estaba separado del Vedanta. Aruni no pensó: "Esto no es más que un campo, no es más que barro y tierra. Yo, en cambio, soy el Ser." Para él, todo era el Ser.

Así eran los discípulos en aquellos tiempos. En aquella época, ya existía el karma yoga (servicio desinteresado), y sólo tres o cuatro discípulos vivían cerca de un maestro espiritual.

Este ashram tiene cerca de mil residentes. ¿Son capaces de meditar todo el tiempo? No. Los pensamientos no dejarán de trepar por sus mentes. Tanto si trabajan como si no, surgirán numerosos pensamientos. Entonces, ¿por qué no dirigir estos

---

[7] *Vanaprastha* es tradicionalmente la tercera etapa de la vida; la pareja abandona el mundo para retirarse al bosque y dedicarse a las prácticas espirituales.

pensamientos en la dirección correcta, empleando nuestros brazos y piernas para hacer un servicio desinteresado para el bien del prójimo?

Sri Krishna dijo a Arjuna: "¡Oh Arjuna, en los tres mundos no hay nada que tenga que hacer o esperar y, sin embargo, nunca dejo de actuar!" Hijos míos, vuestra mente está unida al nivel de conciencia del cuerpo. Ha de trascender ese nivel para volverse más expansiva y transformarse en la Mente Universal. Es la compasión hacia el mundo la que proporcionará los primeros estímulos de este desarrollo.

Los que se proclaman orgullosamente adeptos al Vedanta creen que sólo ellos son Brahman y que todo lo demás es maya, ilusión. Pero, ¿son capaces de conservar esta actitud? ¡En absoluto! Quieren que la comida esté lista a mediodía o a una hora determinada. Cuando tienen hambre, no consideran que el alimento sea maya. Y cuando están enfermos quieren que se les lleve al hospital. En ese momento, el hospital no es maya; se convierte en una necesidad, y no rechazan la ayuda que les ofrecen los demás.

Los que hablan de maya y de la pura conciencia deberían comprender que si ellos necesitan ciertas cosas, esas mismas cosas también son esenciales para los demás. Estos que se dicen adeptos al Vedanta necesitan el servicio de otros. Esperar que los demás estén dispuestos a serviros y, cuando llega el momento de ayudarlos, ponerse a meditar en Brahman, no es más que un signo de pereza.

Médicos, ingenieros y personas de diversas profesiones viven en este ashram. Cada uno trabaja según sus capacidades. Pero los residentes también meditan y estudian las escrituras. Se entrenan para actuar sin apego. El hecho de trabajar sin apego nos ayuda a liberarnos del egoísmo y de la conciencia del cuerpo. Cuando una acción se realiza sin apego, no nos causa ninguna atadura. Así es el camino que conduce a la liberación.

Ninguno de los residentes del ashram quiere el cielo. El noventa por ciento desea servir al mundo. Aunque se les ofreciera el cielo, no se interesarían por él porque ya lo han experimentado en sus corazones. No tienen necesidad de otro cielo. Su paraíso es su propio corazón lleno de compasión. Esa es la actitud de la mayoría de los hijos de Amma.

En el pasado, muchas personas se alejaban de la sociedad diciendo que eran Pura Conciencia. No estaban dispuestos a mezclarse con los demás ni a servirles. Eso explica por qué nuestra cultura ha degenerado hasta este punto. Sufrimos hoy la miseria engendrada por toda esta indiferencia. Con tu pregunta, ¿no estarás sugiriendo que habríamos de permitir que nuestra cultura se empobreciera aún más?

El Advaita es algo que debe ser vivido. Es un estado en el que consideramos a todos los seres como nuestro propio Ser.

¿Qué representa la guerra del Mahabharata? Cuando las piedras en bruto son colocadas en un tambor de rotación, pierden sus afiladas aristas y se vuelven lisas. Del mismo modo, sirviendo al mundo, la mente pierde su deformidad y alcanza la naturaleza del Ser: la conciencia individual se une a la Conciencia Universal. Sirviendo al mundo, lucháis contra la negatividad que tenéis dentro, contra el ego y todo vuestro egoísmo. Ese es el verdadero sentido de la guerra del Mahabharata y por eso pidió el Señor a Arjuna que combatiera para reestablecer el dharma.

Si expresáis esta enseñanza a través de vuestras acciones, los demás lo entenderán mucho más fácilmente que si intentáis explicárselo con palabras. Este es el objetivo de Amma.

Pregunta: Amma, en tu ashram, ¿se concede más importancia a la devoción? Veo que las oraciones y los cantos devocionales parecen casi un espectáculo.

Amma: Hijo, si tienes novia y le hablas, ¿se trata para ti de una representación? Cuando se ama verdaderamente, uno no ve nunca las cosas de esa forma. Pero a los ojos de un extraño, puede parecer un espectáculo. Sucede lo mismo en este caso. Para nosotros, nunca se trata de un espectáculo. Las oraciones son la expresión de nuestro vínculo con Dios. En cada instante de nuestras oraciones, no sentimos más que dicha. Cuando el amante habla a su Bienamada o cuando ella le habla, eso les produce una gran alegría. Se sienten colmados. No se aburren, aunque se pasen horas hablando. Nosotros sentimos un gozo similar cuando rezamos.

La oración es un diálogo con el Bienamado que está en nosotros, con nuestro verdadero Ser.

Tú eres ese Ser, el atman. No has sido creado para ser infeliz, jamás. Tú no eres el alma individual, eres el Ser Supremo. Tu naturaleza es dicha. Este es el propósito de la oración. La verdadera oración no son palabras vacías.

Hijo mío, si por devoción entiendes la oración y los cantos devocionales, esas prácticas las encontrarás en todas las religiones. Los musulmanes rezan y se postran en dirección a la Meca. Los cristianos rezan delante de una imagen de Cristo, una cruz o una vela encendida. Los jainistas, los budistas y los hindúes rezan igualmente. Todas estas religiones, tienen también en común la relación entre maestro y discípulo. De vez en cuando, aparecen entre nosotros profetas y maestros que son muy reverenciados. ¿No son todas estas diferentes formas de devoción? Los que han aprendido las escrituras meditan sobre los principios del Vedanta y avanzan así por el sendero espiritual. Si son capaces de avanzar, ¿no será gracias a su devoción hacia esos principios?

La verdadera devoción consiste en ver a Dios en cada uno y en respetar al prójimo. Esta es la actitud que deberíamos desarrollar. Nuestro nivel de conciencia tendría que ser lo suficientemente elevado como para permitirnos ver la Divinidad en todo. Aquí, en la India, no imaginamos que Dios resida en un paraíso. Dios está en todas partes. No hay nada más importante en la vida que conocer a Dios. Al comprender las verdades contenidas en las escrituras, contemplarlas y asimilarlas, realizamos la naturaleza del Ser Supremo o Dios. La devoción es una vía espiritual que conduce al mismo fin.

No es tan fácil girar la mente hacia el interior, pues le gusta vagabundear en todas direcciones. Los que han estudiado las escrituras prefieren, posiblemente, la vía del neti, neti (ni esto, ni eso) rechazando su identificación con todo, excepto con el Ser. Pero, ¡hay tantas personas que no han estudiado nada! Ellos también necesitan conocer el Ser, ¿no es cierto? Para ellos, la devoción es la vía más práctica.

Algunos son alérgicos a las vacunas. Podrían incluso morir si se les vacunara. Cuando están enfermos, deben tomar los medicamentos por vía oral. No pueden hacerlo de otro modo. Así, Amma prescribe diferentes prácticas espirituales a cada persona, en función de su samskara[8]. Es imposible afirmar que tal o cual método sea mejor que otro. Más bien podemos decir que aquí todo está dirigido hacia el bienestar de las personas.

Mientras el agua fluye por el lecho del río, vemos dos orillas y distinguimos entre "el lado derecho" y "el lado izquierdo" Pero si el río está seco, no vemos más que una extensión continua de tierra, las dos orillas y el lecho del río forman parte de un mismo suelo. Igualmente, la noción de "tú" y "yo" surge porque seguimos teniendo el sentimiento de individualidad. Cuando la individualidad desaparece, todo es uno, completo y perfecto (purnam).

---

[8] *Samskara* es la totalidad de las impresiones registradas en la mente por experiencias de esta o de otras vidas anteriores, que inciden en la vida de los seres humanos, en su naturaleza, acciones, estado mental, etc. También significa la bondad inherente y la sutileza de carácter interior de cada persona, así como la disposición mental y las nobles cualidades que una persona ha desarrollado en el pasado. También puede significar "cultura".

Las dos vías: la de "neti, neti (ni esto, ni eso)" y la devocional, conducen a la experiencia del Ser.

Se puede describir la experiencia del neti, neti de la siguiente forma: Un niño lleva unos medicamentos a su padre que está en cama. En el momento en que entra en el dormitorio, hay un apagón. Se encuentra de repente en la oscuridad, y no ve nada. Toca la pared y se dice: "no es eso"; toca la puerta: "ni eso"; toca la mesa: "ni eso"; toca la cama: "ni eso". Al final toca a su padre. "¡Sí, es él!" Así, rechazando todo lo que no era su padre, llegó hasta él.

Lo mismo ocurre con la devoción. La atención de un verdadero devoto sólo está fija en Dios. Se interesa únicamente por Dios. El devoto no acepta nada más que a Dios. Su único pensamiento es el de su Bienamado.

Algunos buscadores declaran: "No soy ni el cuerpo, ni la mente, ni el intelecto; soy el Ser. La mente y el cuerpo son los causantes del sufrimiento y la felicidad." Otros piensan: "Pertenezco a Dios. Sólo tengo necesidad de Dios. Dios es todo." Esta es la única diferencia. Empezamos a ver que no hay nada más que Dios. Así debería ser nuestra vida. Deberíamos percibir a Dios en todo. Esa es la verdadera devoción. Cuando vemos a Dios en todo, nos olvidamos de nosotros mismos y se disuelve la individualidad.

Nuestra devoción no debe consistir en buscar a un Dios sentado en algún trono, allí en el cielo. Antes tenemos que aprender a ver a Dios en todo. Cuando un devoto tiene esa visión, no tiene necesidad de vagar en busca de Dios. Dios brilla en él porque no percibe nada que sea diferente a Dios. El objetivo de la oración es alcanzar ese estado. A través de nuestras oraciones, glorificamos la Verdad. Se trata de elevar la mente desde el nivel del cuerpo-mente-intelecto hasta el nivel del Ser. Imaginemos que tenemos en la cocina una bombilla de cien watios, pero está tan cubierta de hollín que ni siquiera da el resplandor de una bombilla de diez watios. Sacamos el hollín, y la bombilla brilla de nuevo con todo su esplendor. Sucede igual con la práctica espiritual. Es un proceso que nos permite limpiar todas nuestras impurezas. Al eliminar el velo que oscurece nuestra divinidad innata, llegamos a la experiencia del poder infinito que hay en nuestro interior. Entonces comprendemos que no hemos nacido para sufrir, que nuestra naturaleza real es dicha divina. Sin embargo, no basta con hablar de estas verdades, es necesario hacer práctica espiritual. Todo el mundo tiene la capacidad innata de nadar, pero sólo se aprende a nadar entrando en el agua y practicando. La devoción y la oración son los medios que nos permiten despertar la Divinidad que está dentro de nosotros.

Pregunta: Se dice que si un aspirante espiritual toca a alguien, pierde su fuerza espiritual. ¿Es cierto?

Amma: Una pila pequeña no contiene más que una cantidad limitada de energía y se debilita cuando se utiliza. Pero un cable conectado a la corriente eléctrica tiene siempre energía. De igual forma, perderéis vuestro poder si os imagináis que sois el ego limitado, igual que una pequeña pila. Pero si estáis conectados a Dios, la fuente de poder infinito, ¿cómo vais a perder vuestra fuerza? El Infinito no engendra nada más que el Infinito. Si encendéis mil mechas a partir de una misma llama, el resplandor de la primera llama no disminuye.

Sin embargo, un aspirante espiritual puede perder su fuerza. Necesitáis estar muy atentos, porque aún estáis en el plano del cuerpo-mente-intelecto. Mientras sigáis en ese plano, tenéis que prestar mucha atención. Hasta que no se haya conseguido el control de la mente, es necesario observar todos los yamas y niyamas (las obligaciones y prohibiciones en la vía espiritual.). Después, ya no tendréis que preocuparos si llegáis a tocar a alguien. Considerad a los que tocáis como Dios, y no como personas. Así no perderéis vuestra fuerza, sino que la ganaréis.

Pregunta: Amma, durante su infancia sufrió mucho, ¿recuerda aquella época cuando ve a la gente sufrir?

Amma: ¿Hay alguien que no haya sufrido en este mundo? Es verdad que Amma pasó muchas penalidades cuando era joven, pero nunca las ha considerado auténticas penalidades. La madre de Amma, Damayanti, cayó enferma y no podía realizar las tareas domésticas. En esas circunstancias, Amma se consoló pensando que aunque su educación se viese interrumpida, sus hermanos podrían terminar la suya. Dejó entonces de acudir a la escuela para asumir la responsabilidad de todas las tareas domésticas. Cocinaba para toda la familia, preparaba la comida que sus hermanos se llevaban al colegio, lavaba la ropa de toda la familia, se ocupaba de las vacas, las cabras, los patos, las gallinas y otros animales, y también recogía hierba para alimentar a las vacas. Atendía y cuidaba de su madre, Damayanti. Así pasaba de una tarea a otra desde las cuatro de la madrugada hasta medianoche. Gracias a esas experiencias, Amma supo de primera mano lo que significa el sufrimiento.

Amma solía recorrer unas cincuenta casas en busca de mondaduras de tapioca para alimentar a las vacas. En alguna casa, cuando ella llegaba estaban comiendo, pero en otras no tenían nada que llevarse a la boca y pasaban hambre. Los niños yacían en el suelo, debilitados por el hambre. En una familia, los niños rezaban para que sus padres vivieran mucho tiempo, mientras que, en otra casa vecina, la abuela estaba completamente desatendida y hundida en la desesperación. "Nadie se ocupa de mí", se quejaba la pobre mujer. "Me alimentan como a un perro y nadie me ayuda a lavar mi ropa. Encima todos me gritan y golpean."

Así sucedía con otros muchos ancianos. Durante toda su vida, se habían dedicado a sus hijos, se habían sacrificado para darles todo lo que necesitaban; pero, una vez llegada la vejez, cuando se encontraban en cama y desamparados, no había nadie que se ocupase de ellos. No tenían quien les diera ni siquiera un poco de agua, si tenían sed. Al ver su sufrimiento, Amma les llevaba comida de casa de sus padres.

Los mismo hijos que antes rezaban para que Dios concediera a sus padres una larga vida, los consideran una carga cuando llegan a ancianos. Desean librarse de ellos tan pronto los hijos forman su propia familia y tienen nuevas responsabilidades. Sólo aman si pueden esperar algo a cambio. La vaca es apreciada por su leche. Si deja de dar leche, el propietario la envía al matadero. Amma comprendió así que siempre hay un motivo egoísta en el amor mundano.

Había una laguna cerca de nuestra casa. Amma acostumbraban a llevar allí a las ancianas. Las bañaba y les lavaba la ropa. Tomaba a los niños que lloraban de hambre, los llevaba a su casa y les daba de comer. Pero a su padre no le gustaba y la reprendía diciendo: "¿Por qué traes aquí a todos estos niños sucios, con la nariz llena de mocos?"

Al ver directamente el sufrimiento y las penalidades que atraviesan muchas personas, Amma ha aprendido sobre la naturaleza de este mundo. Cuando alguien enferma y va al hospital, espera durante horas. Si consiguen ver al doctor y les hace una receta, ¿de dónde consiguen el dinero para comprar las medicinas? Amma ha visto muchísimos pobres que no tenían ni para comprarse un sólo calmante. En esta zona, los aldeanos apenas tienen para vivir con sus míseros sueldos. Si dejan de trabajar un día, toda la familia pasa hambre. Si enferman, no tienen dinero para comprar comida ni medicinas. Algunos enfermos se retuercen de dolor porque no tienen dinero para comprar calmantes. Les bastaría con una sola pastilla para calmar el dolor en pocos minutos. Pero como no tienen ni para eso, sufren la agonía del dolor durante todo el día.

Amma ha visto a muchos niños llorando porque no podían comprar las hojas de papel para sus exámenes[9]. Algunos niños van a la escuela con su camisa sujeta con espinos porque no tienen medios para reemplazar los botones rotos. Amma ha visto, oído y sentido el sufrimiento de gente. Así ha comprendido la naturaleza del mundo. Eso la incitó a mirar hacia el interior. Todo, en la creación, se volvió su gurú, hasta una pequeña hormiga era su gurú.

Al compartir las tristezas y preocupaciones de los pobres cuando aún era una niña, Amma conoció su dolor y sufrimiento sin que tuvieran necesidad de explicárselo. Actualmente, vienen a ver a Amma innumerables personas que sufren iguales o parecidas penalidades. Si los que tienen recursos económicos se decidieran a actuar, podrían aliviar ese sufrimiento en gran medida. A Amma le gustaría pedir a sus hijos que poseen bienes que sean compasivos, que sirvan a los pobres y a los que sufren.

Pregunta: ¿Cómo Amma, que nunca ha dado a luz a un niño, puede ser considerada madre?

Amma: Hijos míos, la madre simboliza el auto-sacrificio. Una madre conoce el corazón de su hijo, conoce sus sentimientos. Consagra su vida entera a ese hijo. Una madre perdona todos los errores porque sabe que si su hijo se equivoca es sólo por ignorancia. Este es el verdadero amor maternal, el que ha sentido Amma durante toda su vida. Ella ve a todos como hijos propios.

La cultura hindú enseña a los niños, desde su más tierna edad, que su madre es Dios, la encarnación de Dios. Nuestra cultura considera la maternidad como el apogeo de la feminidad. Tradicionalmente, los hombres consideraban a todas las mujeres, a excepción de su esposa, como una madre. Una mujer también

---

[9] En algunas escuelas gratuitas de la India, los alumnos deben proveerse de las hojas de papel para los exámenes. No sucede así en las escuelas de Amma (Amrita Vidyalayams).

se dirigía a las mujeres de más edad y a las que le merecían su respeto, empleando la palabra "madre". Esa era la elevada posición que antiguamente se le concedía a la mujer en nuestra sociedad. Por influencia de otras culturas, ha desaparecido en buena medida esa visión. Podéis constatar vosotros mismos el declive que ha supuesto para nuestra sociedad.

La cualidad maternal es innata en la mujer y debería ser predominante en todas ellas. Al igual que las tinieblas se desvanecen ante los rayos de sol, todas las tendencias negativas desaparecen ante la maternidad, de tan pura que es. El amor, la acción desinteresada y el auto-sacrificio son característicos de la naturaleza maternal. Para que se mantenga viva nuestra noble cultura, tenemos que desarrollar estas virtudes en nosotros mismos.

Amma considera que su modo de actuar es el adecuado para este fin. Preguntáis cómo Amma puede ser una madre sin haber dado nunca a luz. ¿Acaso no conoce mejor el motor de un avión el ingeniero que lo ha concebido más que el piloto? Una mujer no es madre simplemente porque traiga un hijo al mundo. Tiene que florecer la naturaleza maternal en ella. De igual forma, una mujer que ha desarrollado interiormente la maternidad en toda su plenitud, no es menos madre que una mujer que ha dado a luz un bebé. ¿No consideramos, también, a nuestro país, nuestra lengua y nuestra tierra como madres?

Pregunta: Amma, ¿estás actuando socialmente para conseguir algún fin particular?

Amma: Amma no tiene más que un deseo: que su vida sea como una varilla de incienso. Mientras se consume, la varilla de incienso esparce su perfume para el bien de los demás. De igual forma, Amma consagra cada instante de su vida a sus hijos para el bien del mundo. Ella no ve que la meta tenga que ser diferente de los medios. La vida de Amma fluye de acuerdo con la Voluntad Divina, eso es todo.

Pregunta: Se dice que un maestro es esencial en el camino espiritual. ¿Quién fue el gurú de Amma?

Amma: Todo en este mundo es el gurú de Amma. Dios y el gurú están dentro de cada persona. Pero mientras persista el ego, seguiremos sin ser conscientes de este hecho. El ego actúa como un velo y oculta al gurú interior. Una vez habéis descubierto al maestro interior, lo percibís en todos los objetos del universo. Dado que Amma encontró al gurú en sí misma, todo, incluso el más pequeño grano de arena, se volvió su gurú. Os preguntaréis si incluso una espina fue el gurú de Amma. Sí, también las espinas fueron su gurú, pues cuando os claváis una espina en el pie, ponéis más atención al caminar. Así, esa espina os permitirá evitar otras o caer en un profundo agujero. Amma considera igualmente su propio cuerpo como un gurú, porque si meditamos sobre la naturaleza perecedera del cuerpo, comprendemos que el Ser es la única realidad eterna. Todo lo que rodea a Amma la lleva hacia el bien, y por este motivo siente una gran reverencia hacia todo lo que existe.

Pregunta: ¿Quiere decir que no necesitamos un maestro en particular para alcanzar la Auto-Realización?

Amma: Amma no dice eso. El que posee un don innato para la música puede que sea capaz de cantar todas las variaciones melódicas tradicionales, los ragas, sin recibir una formación especial. Pero imaginad lo que sucedería si todos los demás se pusieran a cantar ragas sin una preparación adecuada. Por tanto, Amma no dice que un maestro espiritual no sea necesario; sólo que algunos seres dotados de un grado de conciencia y de atención fuera de lo común, no precisan de un gurú externo.

Observad todo lo que encontréis con discernimiento y atención. No tengáis apego ni aversión hacia nada, y entonces todo tendrá algo que enseñaros. Pero ¿cuántos poseen tal grado de desapego, paciencia y concentración? A los que aún no han desarrollado estas cualidades, les será extremadamente difícil alcanzar la meta sin refugiarse en un gurú exterior. El maestro auténtico despierta vuestro conocimiento interior. Hoy en día, la ignorancia ciega a muchas personas y, por tanto, son incapaces de percibir al gurú interior. Para descubrir la luz del conocimiento, tenemos que modificar nuestra manera de ver. La actitud del discípulo, la de entrega total, nos ayudará a conseguirlo.

Deberíamos tener la actitud propia de un principiante. Sólo un principiante tiene la paciencia necesaria para aprenderlo todo. Porque nuestro cuerpo haya crecido, eso no significa que nuestra mente haya madurado. Si deseáis que vuestra mente se abra y se vuelva tan expansiva como el universo, os conviene mantener la actitud de un niño, porque sólo un niño puede crecer y desarrollarse. Pero la mayoría de las personas han adoptado la actitud del ego, la del cuerpo-mente-intelecto. Cuando abandonemos esa actitud y asumamos la de un niño inocente, lograremos la atención necesaria para asimilar lo que se nos enseña.

Por mucha agua que caiga en la cima de una montaña, no se queda allí; fluye de una forma natural y llena pantanos y ríos. Sucede lo mismo cuando mantenemos la actitud de que no somos nada, entonces todo viene a nosotros.

La paciencia, la conciencia y la atención son las verdaderas riquezas de este mundo. Son tan importantes que una persona que consigue esas virtudes puede tener éxito en cualquier lugar. Cuando desarrolláis esas cualidades, vuestro espejo interior, el que os ayuda a ver vuestras impurezas interiores y a eliminarlas, se vuelve espontáneamente claro. Os transformáis entonces en vuestro propio espejo, y sabéis cómo eliminar vuestras impurezas, sin necesitar de la ayuda de nadie. Obtenéis la capacidad de purificaros. Cuando alcanzáis este nivel, veis al gurú en todo. No consideráis a nadie inferior. No discutís inútilmente. No tenéis que recurrir a palabras vacías. Vuestra grandeza se refleja en vuestras acciones.

Pregunta: ¿Significa eso que no hay necesidad de estudiar los textos espirituales?

Amma: Es conveniente estudiar el Vedanta. La vía que lleva a Dios os aparecerá rápidamente clara. Los que estudian el Vedanta comprenden hasta qué punto Dios está cerca, comprenden que Dios está en ellos. Pero hoy en día, la mayoría se limita a ver el Vedanta superficialmente, como si estuviera compuesto de meras palabras. Las enseñanzas del Vedanta no se reflejan en sus acciones. El Vedanta no es una carga que se lleva de un lado a otro, sino un principio que debe ser implantado en el corazón y practicado por la mente. Muchos no lo entienden así y se tornan arrogantes. A medida que nuestra comprensión del Vedanta aumenta, se desarrolla la humildad en nosotros de un modo natural. El Vedanta nos ayuda a comprender que somos la esencia de Dios. Pero para que podamos experimentarlo, tenemos que vivir según los principios del Vedanta. Escribir la palabra "azúcar" sobre un pedazo de papel para lamerlo a continuación, no nos hará sentir el sabor del azúcar. Para eso, hace falta probarlo. El simple hecho de leer libros que traten de Brahman o hablar sobre Él, no nos dará la experiencia de Brahman. Nuestras acciones deberían reflejar lo que hemos leído y estudiado. Sólo de esa manera se transformará en experiencia nuestro conocimiento. Pero nuestros esfuerzos necesitan un estímulo. La vida de los que realmente han aprendido e interiorizado el Vedanta anima a otros a seguir por la misma senda.

Algunos ociosos permanecen sentados, y declaran: "Soy Brahman." En ese caso, ¿por qué este Brahman (la persona en cuestión) ha tomado un cuerpo? ¿No le hubiera bastado con permanecer sin forma? Ya que nosotros hemos recibido este cuerpo, debemos demostrar esa verdad con nuestras acciones. Una vez que hayamos entendido esto, nos volveremos humildes de un modo natural. Amma está hablando sobre su propia vida. No insiste para que otros la acepten o la imiten. Avanzad basándoos en vuestras propias experiencias. ¡Conoceos a vosotros mismos! Eso es todo lo que Amma dice.

La siguiente entrevista fue publicada por Times of India y tuvo lugar durante la visita de Amma a Nueva Delhi, en marzo de 1999

Pregunta: Amma ha fundado el hospital de alta especialización AIMS[10], ha desarrollado el proyecto Amrita Kutiram de viviendas gratuitas para pobres y otras muchas actividades en favor de los más necesitados. ¿Qué es lo que impulsa a Amma a emprender estos proyectos?

Amma: Cada día, Amma se encuentra con muchos pobres que le confían sus penas. Comprende sus dificultades y necesidades, y siente el anhelo de aligerar su sufrimiento. Así es como ha surgido cada proyecto. Nunca hemos establecido un plan, ni recaudado dinero antes de empezar. A medida que los proyectos avanzan, Dios nos envía todo lo necesario.

Deberíamos saber que Dios no está confinado en el templo o en la iglesia, sino dentro de cada uno de nosotros. Cuando compartimos lo que tenemos con el prójimo y nos ayudamos mutuamente, estamos, en realidad, adorando a Dios.

Ir a los lugares de culto y rezar a Dios para después apartar la vista ante el hambriento, eso no es verdadera devoción.

---

[10] Amrita Institute of Medical Sciences (AIMS) de Cochin, Kerala.

Pregunta: Las afirmaciones de ciertos filósofos respecto al alma individual y al Ser Supremo han creado la impresión de que no existe diferencia entre Dios y los seres humanos. Parece como si nos dijeran que no hay diferencia entre el bien y el mal, lo puro y lo impuro, el paraíso y el infierno. ¿No estarán contribuyendo a eliminar la distinción entre lo correcto y lo incorrecto?

Amma: Todo esto procede de un malentendido. Si se enseña el principio de la no-dualidad (la unidad del alma individual y del Ser Supremo), es con el fin de despertar la fuerza innata que hay en todos los seres y guiarlos hacia la Verdad. El Vedanta nos dice: "¡Tú eres el Rey de reyes, no un mendigo!" El tener conciencia nos ayuda a despertar el poder infinito que está en nosotros. Pero mientras no hayamos realizado esa unidad a través de la experiencia directa, tenemos que discernir entre el bien y el mal, y avanzar siguiendo la vía correcta. Una vez se realiza la Verdad última, el mundo de la dualidad deja de existir; no queda entonces más que la Verdad, no hay nada que rechazar como erróneo. Ves todas las cosas como una manifestación de Dios.

Cada palabra y acción de un alma realizada beneficia a la humanidad. El simple contacto con el aliento de esa persona contribuye a desenraizar las tendencias negativas que llevamos dentro. El que posee la conciencia de su naturaleza divina, no se verá nunca turbado por los problemas que deba afrontar en este mundo. El verdadero adepto al Vedanta es aquel que vive realmente en ese estado de no-dualidad, y no el que se contenta con hablar. Un auténtico adepto del Vedanta es un ejemplo vivo para el mundo.

Quienes se dedican a beber alcohol y a realizar otras acciones erróneas mientras citan las Escrituras y declaran que todo es Brahman, no pueden ser considerados seres espirituales. Debemos ser capaces de reconocer a semejantes hipócritas. Nuestra incapacidad para descubrirlos es la razón por la que nuestra cultura ha caído tan bajo. La espiritualidad no es sólo para hablar de ella, tiene que ser vivida.

Pregunta: ¿Puede una persona egoísta volverse bondadosa a través de su propio esfuerzo? ¿Podemos cambiar nuestra propia naturaleza?

Amma: Ciertamente. Cuando tengáis una correcta comprensión de los principios espirituales, disminuirá vuestro egoísmo. La manera más eficaz para que disminuya el egoísmo es realizar acciones sin desear conseguir beneficio alguno. Siempre deberíamos recordar que no somos más que instrumentos en las manos de Dios. No somos los hacedores de nuestras acciones, es Dios el que nos hace actuar. Si mantenemos esa actitud con sinceridad, desaparecerán el orgullo y el egoísmo.

Una persona puede gritar desde lo alto de una escalera "¡Bajo enseguida!" Pero nada más bajar cinco escalones, se desploma víctima de un ataque cardíaco. Ni siquiera está en nuestras manos el instante siguiente. Cuando comprendemos en verdad este hecho, ¿qué sentido tiene mostrarse orgullosos? Después de cada espiración, no hay ninguna garantía de que vayamos a inspirar de nuevo. Es el poder de Dios quien nos sostiene en cada instante. Cuando somos conscientes de esa realidad, nos volvemos humildes de una forma natural y empezamos a venerar a Dios. Pensamos en Dios en cada paso que damos. Pero, combinada con esta actitud, tenemos que hacer un esfuerzo. Entonces, se derramará la gracia de Dios y nuestros esfuerzos habrán servido para algo.

Pregunta: Se dice que las dificultades y sufrimientos hacen de nosotros mejores seres humanos. Entonces ¿qué sentido tiene rezar para ser liberados de nuestros sufrimientos y enfermedades?

Amma: ¿Acaso no tomas medicinas cuando estás enfermo? Hasta los mahatmas no rechazan los medicamentos. Cuando enferman, también hacen lo necesario para recuperarse. Eso demuestra la importancia del esfuerzo personal. La cultura hindú no nos enseña a permanecer ociosos, dejándoselo todo a Dios. Esforcémonos en resolver nuestros problemas y disminuir el sufrimiento. Pero deberíamos actuar manteniendo una actitud de adoración, y sin dejar de ser humildes, sabiendo que Dios es el poder que nos permite realizar cada acción. Eso es lo que nos enseñan los mahatmas y las Escrituras. Quienes hacen práctica espiritual comprendiendo estos principios y los que lo entregan todo a Dios, no se preocupan de pujas ni de plegarias para aliviar sus enfermedades; aceptan la felicidad y el sufrimiento como voluntad divina. Pero a las personas comunes, que no han alcanzado ese grado de entrega, les va bien rezar y hacer pujas para aliviar sus sufrimientos. Estas prácticas les permitirán alcanzar gradualmente el estado de devoción desinteresada.

Hagamos todo lo que esté en nuestras manos, y si las dificultades persisten, aceptémoslas como voluntad divina, como si fueran por nuestro propio bien. Poco importa las dificultades que tengamos que afrontar, si sabemos que descansamos en el regazo de Dios. Esta actitud nos dará la fuerza necesaria para superar cualquier circunstancia adversa.

Algunas personas atraviesan terribles sufrimientos en determinado periodos de su vida. Se trata, a veces, de una larga serie de calamidades. Pueden ser recriminados por algo que no hayan hecho, o que se les envíe a la cárcel por un delito que no han cometido. También puede suceder que un hijo sufra un accidente al ir al hospital a visitar a su padre enfermo. Hay muchas historias parecidas. Por lo general, estas dificultades surgen en ciertos períodos de tiempo. Puede que estas personas fracasen en todo lo que emprendan o que, en algunas familias, las mujeres enviuden a una edad temprana.

Necesitamos estudiar estas situaciones e intentar comprenderlas. La única explicación que se puede encontrar a tales tragedias, es que son el resultado de acciones hechas por una persona en vidas anteriores. Suelen manifestarse en el tránsito de ciertos periodos planetarios. Si, durante esos periodos, las personas afectadas dedican más tiempo a la oración y a adorar a Dios, eso les proporcionará más consuelo. Les dará también la fuerza mental necesaria para vencer los obstáculos que tengan que afrontar.

Las pujas realizadas en los templos Brahmasthanam[11] no son simples rituales para superar las dificultades causadas por las influencias planetarias negativas; también son una forma de meditación. Además, gracias a las enseñanzas que se dan en estos templos durante las pujas, los devotos aprenden principios espirituales. Esto les incita a llevar una vida conforme al dharma y a practicar meditación. Y, dado que los rituales realizados en los templos les ayudan a aliviar sus problemas, su fe y devoción aumentan.

Pregunta: ¿Es necesario adorar imágenes o estatuas? ¿Por qué ciertos textos religiosos se oponen a la veneración de las imágenes?

Amma: No es la imagen la que adoramos como tal. A través de la imagen, veneramos a Dios, que es omnipresente. La imagen es un símbolo de Dios, un medio que utilizamos para concentrar nuestra mente. A los niños les mostramos imágenes de un loro y de un pájaro mynah, y les decimos: "Aquí tenéis un loro y aquí un pájaro mynah" Necesitan reconocerlos de esta forma cuando todavía son pequeños. Una vez adolescentes, ya no precisan de imágenes para reconocer a esas aves. De igual manera, al principio son necesarios algunos instrumentos para ayudar a la mente de las personas comunes a concentrarse en la Conciencia

---

[11] Los templos Brahmasthanam son templos únicos que Amma ha establecido en la India y en otros países.

Divina. A medida que uno progresa en su práctica espiritual, la mente aprende a concentrarse sin recurrir a semejantes ayudas. Fijarse en una imagen es un buen medio de entrenar a la mente para la concentración. Además, no podemos decir que Dios no esté presente en la imagen. Si Dios está presente en todo objeto, vivo o inerte, igualmente lo estará en la imagen. La adoración de imágenes es una forma de entrenamiento para ver a Dios en todos los seres, animados o inanimados, y para desarrollar una actitud de amor y de servicio hacia el mundo.

Imaginad que un hombre hace un regalo a la mujer que ama. El objeto no vale posiblemente más de cinco paisas[12] pero para esta mujer, ese regalo tiene un valor infinitamente mayor, pues representa la muestra de amor de su bienamado.

La tela de una bandera es posible que no valga más que unas cuantas rupias, pero no permitimos que nadie escupa sobre ella si representa a nuestra nación o partido político. Una bandera no es un simple trozo de tejido, más bien simboliza un gran ideal cuando se le otorga el estatus de bandera. Si honramos a la bandera es por el amor y el respeto que tenemos hacia el ideal que simboliza.

De igual manera, a quien vemos en la imagen que veneramos es a Dios mismo. Esa imagen es como un espejo de la Conciencia Divina que está en nuestro interior. Rezamos delante de la imagen con los ojos cerrados. La imagen nos ayuda a volver la mente hacia dentro, hacia el Dios que habita en nosotros.

Hasta las religiones que se oponen a la veneración de las imágenes la practican, en realidad, bajo una u otra forma. Cuando un cristiano adora la forma de Jesús en la cruz o un musulmán reza en dirección a la Kaaba, también están venerando formas de imagen.

Esta práctica tiene su lado negativo, pues el devoto se puede quedar apegado únicamente a la imagen, sin comprender el

---

[12] La paisa es un centavo de rupia, la moneda de la India.

principio que representa. Pero este hecho no se da cuando el devoto comprende el principio que subyace en esa imagen, a través de enseñanzas espirituales y mediante el estudio de las escrituras. Deberíamos ofrecer en nuestros templos una educación espiritual, abierta a todos los que deseen participar.

Pregunta: Amma tiene muchos devotos que vienen de países extranjeros. Los occidentales, por lo general, tienden más hacia el servicio a la sociedad que nosotros. ¿Cuál es la razón?

Amma: En los países occidentales, existen organizaciones que trabajan por diferentes causas. Cuando se produce una crisis o un desastre, estas organizaciones se responsabilizan de ocuparse de las víctimas. Los poderes públicos prestan apoyo a las organizaciones y participan en las actividades de servicio social. Además, los donativos que se entregan pueden deducirse de los impuestos. Eso anima a los ciudadanos a entregar donativos para esas actividades sociales. Las organizaciones caritativas desempeñan un gran papel estimulando la costumbre de dar. Tiempo atrás, la vida de los habitantes de la India se basaba en la caridad (dana) y en las ofrendas sagradas por el bien común (yagna). En la actualidad, no se dispone de suficientes servicios o programas para enseñar estos ideales.

Pregunta: ¿Existe realmente el paraíso y el infierno?

Amma: El paraíso y el infierno existen aquí mismo, en cada uno de nosotros. Son nuestras propias acciones las que crean el paraíso y el infierno. Cuando alguien hace una mala acción, debe aceptar los frutos que le acarreará esa acción. Eso es el infierno.

Pregunta: ¿Cómo progresar en la vida espiritual?

Amma: Nos hace falta, ante todo, purificar nuestro carácter. Si vertemos leche en un recipiente sucio, ésta se estropeará. Antes de verter la leche, debemos limpiar el recipiente. Los que desean progresar espiritualmente deben, primero, intentar purificarse. Purificar la mente consiste en eliminar todos los pensamientos negativos e inútiles, así como reducir el egoísmo y los deseos. Para alcanzarlo, es necesario hacer un esfuerzo. Lo que necesitamos más que nada es la gracia de Dios. Y para que la gracia de Dios fluya hacia nosotros, tenemos que ser realmente humildes. La devoción y la meditación nos ayudarán a conseguirlo.

La meditación no sólo aporta paz interior, sino también prosperidad material. La meditación basada en la comprensión de los principios espirituales facilita el camino hacia la iluminación. *En esta sección se presenta una entrevista que Michael Tobias, el director americano de documentales, le hizo a Amma.*

Pregunta: Amma, ¿Qué es lo que, en tu vida, te ha parecido más milagroso?

Amma: Nada le ha parecido a Amma particularmente milagroso. ¿Qué hay de maravilloso en el esplendor exterior? En cambio, cuando comprendemos que todo es Dios, cada objeto e instante de nuestra vida se convierten en milagrosos. ¿Existe un milagro más grande que Dios?

Pregunta: Se dice que nuestro amor debería expresarse a través de nuestros actos. ¿Qué puede hacer el ser humano para ponerlo en práctica, y propagar la no-violencia y la compasión?

Amma: Debemos abandonar la noción de que somos seres individuales y actuar reconociéndonos como parte de la Conciencia Universal. Sólo entonces podremos poner plenamente en práctica la compasión y la no-violencia. Tal vez se pregunte si eso es posible; pero, aunque no se alcanzara completamente ese estado, ¿no deberíamos esforzarnos al máximo en amar y servir al prójimo, recordando que esa es nuestra meta?

Pregunta: ¿Cuál es la posición de Amma respecto a los problemas de medio ambiente que se plantean actualmente?

Amma: Sólo será posible preservar la naturaleza cuando los seres humanos reconozcan claramente que ellos forman parte de ella. En estos momentos, prevalece la idea de que estamos autorizados a explotarla indiscriminadamente. Si continuamos así, se acabará destruyendo hasta la misma humanidad. Antiguamente, los seres humanos tenían prosperidad porque vivían en armonía con la naturaleza.

Los Puranas describen a la tierra como una vaca que se ordeña para satisfacer todas las necesidades. Cuando ordeñamos una vaca, debemos procurar que quede leche suficiente para el ternero, y no tomarla nosotros. En otras épocas, las personas amaban y protegían a la vaca, la consideraban como su propia madre. Esa misma actitud también la tenían hacia toda la naturaleza. Lo que nos hace falta hoy, es empezar a honrar a la Madre Naturaleza tanto como honramos a nuestra propia madre. Cuando mejore nuestra visión mental, también mejorará la situación medioambiental. Los problemas ecológicos no pueden ser resueltos sin un cambio importante en la actitud mental de las personas.

Pregunta: ¿Qué opina Amma sobre la protección de los peces y animales?

Amma: La humanidad y la naturaleza son interdependientes. La población que vive en zonas inadecuadas para el cultivo, por ejemplo, en la costa o en las zonas glaciares; depende de los peces para sobrevivir. La gente también tiene que cortar árboles para construir casas y fabricar algunos objetos. Todo esto es necesario, pero debería hacerse ajustándose a las necesidades. A causa de la codicia excesiva de los humanos, ciertas especies de animales, plantas y árboles están hoy en vías de extinción. Muchas formas de vida que se daban en la tierra han desaparecido actualmente, pues no han podido resistir los cambios producidos en la naturaleza. Cuando se explota la naturaleza, ésta pierde su armonía. Si seguimos explotándola, la humanidad irá hacia su propia destrucción, al igual que otras especies extinguidas.

El género humano es una parte de la naturaleza y de los seres vivos que pueblan la tierra. Podemos tomar de la naturaleza lo que necesitemos para sobrevivir, pero tenemos la responsabilidad de asegurar que, al proveernos de su abundancia, no se destruya su ritmo y armonía.

Si en lugar de coger una hoja de jackfruit (árbol asiático) para utilizarla como cuchara y comer kanji (sémola de arroz que comen los aldeanos en Kerala), arrancáis toda una rama del árbol, ¿qué sucederá al final? Lo más probable es que cuando hayáis hecho esta acción diez veces, el árbol pierda todas sus ramas y perezca rápidamente. En cambio, si sólo cogéis algunas hojas, esa pequeña pérdida la puede compensar el árbol con nuevas hojas. Así es como deberíamos actuar cuando cogemos algo de la naturaleza.

Dios ha creado a todos los seres de la naturaleza para que sean útiles. Un pequeño pez es devorado por un gran pez, y ese gran pez lo será a su vez por uno mayor. No hay nada malo en que los humanos tomen de la naturaleza lo que necesitan. Pero coger en exceso es una forma de violencia (himsa) contra la naturaleza, y provocará la caída de la humanidad.

Pregunta: ¿Cómo debemos reaccionar ante los problemas sociales de nuestro tiempo?

Amma: Sentimos una gran preocupación por los problemas actuales. Es esencial que busquemos las causas de estos problemas y nos ocupemos de ellos. Pero el cambio debe empezar en cada individuo. Cuando un ser humano mejora, se beneficia toda su familia y la sociedad prospera. Por tanto, lo primero es intentar hacer el bien. Si conseguimos mejorar, influiremos positivamente en todos los seres que nos rodean, y eso les hará cambiar. Debemos servir de ejemplo. Deberíamos mostrar amabilidad y amor hacia todos. Sólo el amor desinteresado puede transformar al prójimo. Posiblemente, no veamos un cambio inmediato, pero no perdamos nunca la esperanza, ni abandonemos nuestros esfuerzos. Éstos habrán servido, al menos, para mejorarnos a nosotros mismos. Imaginad que intentamos enderezar, una y otra vez, la cola de un perro colocándola en un tubo. Lo más probable es que no lo consigamos, pero ¡seguro que con tanto intento se desarrollan nuestros músculos! Así, cuando nos esforzamos para conseguir algún efecto sobre los demás, somos nosotros mismos quienes mejoramos. Pero también se darán ciertos cambios en los demás, aunque no los veamos directamente. Y nuestros intentos evitarán, al menos, que la sociedad degenere todavía más. Gracias a esos esfuerzos, conseguiremos mantener una cierta armonía social.

Cuando alguien nada a contra corriente, es posible que no avance ni un centímetro; pero sus esfuerzos le permiten mantenerse a flote, sin ser arrastrado por la corriente. Si abandona, se ahoga. De igual manera, es esencial perseverar en nuestros esfuerzos.

Posiblemente os preguntéis: "¿Qué sentido tiene que una persona luche sola en un mundo lleno de tinieblas?" Cada uno de nosotros tiene una vela, la vela del espíritu. Encended esa vela con la llama de la fe. No os preocupéis por saber cómo vais a recorrer una distancia tan larga con una luz tan pequeña. Avanzad paso a paso. Descubriréis que hay suficiente luz para iluminar cada paso que deis a lo largo del camino.

Había una vez un hombre que estaba completamente abatido, sentado junto a la carretera. Un transeúnte lo vio y le sonrió. Aquella sonrisa tuvo un inmenso efecto sobre el hombre abatido que había perdido toda esperanza. El simple hecho de que alguien se preocupara de él, que lo mirara y le sonriera, le dio nuevas energías. En ese momento, se acordó de un amigo, que no había visto desde hacía mucho tiempo, y le escribió una carta. Su amigo se sintió muy feliz al recibir aquella carta y le dio diez rupias a una pobre mujer. Con ese dinero, la mujer compró un billete de lotería. Y sucedió algo maravilloso, ¡obtuvo el primer premio! Cuando regresaba a su casa con el dinero del premio, vio a un mendigo enfermo tirado en la acera. Entonces pensó: "Ya que gracias a Dios he tenido tan buena suerte, voy a utilizar una parte para ayudar a este pobre hombre." Lo llevó al hospital e hizo todo lo necesario para que lo atendieran. Cuando el mendigo salió del hospital, se encontró con un pequeño cachorro abandonado que apenas podía caminar, pues estaba muerto de hambre y temblaba de frío. El gemido triste del cachorro hizo que se ablandara el corazón del mendigo. Inmediatamente lo recogió, lo envolvió con alguna ropa suya y encendió un pequeño fuego junto a la carretera para calentarlo. Compartió su alimento con el cachorro y, gracias a todo ese amor y cuidados, recuperó rápidamente su energía. El cachorro siguió al mendigo aquella noche. Llegaron ante una casa y el mendigo preguntó si podía pasar la noche bajo el porche con el cachorro. La familia que vivía allí aceptó y se pusieron a dormir en el porche. Durante la noche, el mendigo y todos los habitantes de la casa se despertaron con los ladridos incesantes del cachorro. Descubrieron que la casa estaba empezando a arder por el dormitorio del hijo pequeño. Consiguieron salvar al niño y apagar el fuego entre todos. Así es como una buena acción nos lleva a otra. Por acoger al mendigo y al perrito, esta familia se salvó de perecer en el incendio. Más tarde, el niño llegó a santo, y fueron muchos los que encontraron paz y alegría en su compañía.

Si analizamos esta historia, vemos que todas estas buenas acciones surgieron a partir de una sonrisa. La persona que sonrió no gastó ni un céntimo, se limitó a sonreír a un hombre en la calle. Y esa simple sonrisa transformó la vida de muchas personas, iluminó sus vidas.

Hasta el más pequeño gesto que tengamos con el prójimo, puede producir un gran cambio social. Es posible que no nos demos cuenta de inmediato, pero toda buena acción produce inevitablemente sus frutos. Asegurémonos, por tanto, de realizar cada acción de una forma beneficiosa para los demás. Una simple sonrisa tiene un valor incalculable, y no nos cuesta nada. Por desgracia, es muy frecuente, hoy en día, mofarse y ridiculizar a los demás. Eso no es lo que nos conviene. En su lugar, deberíamos ser capaces de reírnos de nuestras propias flaquezas y defectos. Nadie es una isla solitaria. Estamos unidos los unos con los otros igual que los eslabones de una cadena. Seamos conscientes o no, influimos sobre las demás personas a través de nuestras acciones. Los cambios que se producen en un individuo se reflejan en los demás.

No tiene sentido decir que intentaremos mejorar cuando los otros hayan cambiado. Aunque ellos no estén dispuestos a cambiar, si nosotros lo estamos, veremos cómo se producen igualmente cambios en la sociedad. No os desaniméis si no veis resultados tangibles en vosotros mismos. La transformación se produce en el interior. Todo cambio saludable que se dé en vosotros, no dejará de entrañar una transformación en el seno de la sociedad.

Pregunta: La sonrisa de Amma parece tener algo especial. ¿A qué se debe?

Amma: Amma no sonríe deliberadamente, surge de forma natural. Cuando se conoce al Ser, no hay más que dicha. Después de todo, una sonrisa es la expresión espontánea de esa dicha. El resplandor de la luna llena en el firmamento, ¿tiene que explicar por qué se produce?

Pregunta: Pero a veces vemos lágrimas en tus ojos, sobre todo cuando reconfortas a los que sufren. ¿Se ve afectada tu dicha natural por las situaciones externas?

Amma: La mente de Amma actúa como un espejo. Un espejo refleja todo lo que aparece delante de él. Cuando los hijos de Amma lloran, su tristeza se refleja en ella y aparecen las lágrimas. Ella desearía que encontraran la paz interior. Amma puede parecer que está triste, pero no siente sufrimiento alguno en su Ser interior.

La Enseñanza Inmortal

En marzo de 1995, Amma y los residentes del ashram regresaron a Amritapuri tras la ceremonia de consagración del templo Brahmasthanam, en Delhi. El viaje duró una semana. Durante el viaje, Amma procuró que no se interrumpieran las prácticas espirituales de sus hijos. Se viajaba todo el día pero, al atardecer, todo el grupo se detenía cerca de un río o un lago. Después de darse un baño, todos se congregaban alrededor de Amma para meditar y cantar los bhajans.

En la tarde del tercer día, fue imposible encontrar un río o un estanque, a pesar de todos los esfuerzos. Cuando Amma vio que todos estaban inquietos por la dificultad de darse un baño aquella tarde, dijo: "¡Vamos a nadar, hijos míos! No nos privaremos. Hay bastante agua en algún sitio." Amma hizo detener el autobús y preguntó a las gentes del lugar, que contestaron: "Por aquí no hay ningún lago o río, y el agua es escasa." Cuando le dieron esta respuesta, Amma los consoló a todos diciendo: "No, no, la mente de Amma dice que, no muy lejos de aquí, hay agua. ¡Vamos a preguntar de nuevo!" Los brahmacharis se separaron para preguntar a los habitantes. De pronto, uno de ellos se acordó: "¡Ah sí! Hay una cantera no lejos de aquí. Explotó y se fue llenando de agua hasta formar un pequeño lago."

Amma y el grupo siguieron sus indicaciones. Después de un corto paseo, llegaron a la orilla de dos pequeños lagos de agua clara. Todos nadaron con Amma llenos de alegría. Luego se congregaron a su alrededor para meditar y se unieron a ella para cantar bhajans. Entonces Amma entró en éxtasis. Alzó los brazos hacia el cielo y gritó: "¡Venid rápido, queridos hijos! ¡Venid corriendo!" Todos permanecieron un momento en silencio, inmersos en gozo. Después, un francés llamado Daniel rompió el profundo silencio: "Amma, sentimos una gran alegría cuando nadamos contigo. Es como si hubiéramos ido al Himalaya y nos bañáramos en el Ganges. Cuando se anuló la visita de Amma a Rishikesh, nos sentimos decepcionados al pensar que no tendríamos ocasión de bañarnos en el Ganges. Ahora, ya no tenemos ese sentimiento."

Amma: Hijos míos, los templos y las aguas sagradas, permiten que la gente se acerque a la espiritualidad, hasta que encuentren a un satgurú. El que se entrega a un satgurú no necesita ir en busca de un río sagrado. Un mahatma perfecto es la confluencia de todos los ríos santos. Entregarse totalmente a un maestro equivale a bañarse en todos los ríos sagrados.

Se dice que allí donde está el gurú está Benares[13] y que el agua utilizada para lavarle los pies es el Ganges. Ciertamente, el agua que toca los pies de un mahatma es "el agua del Ganges". El agua de la pada puja[14] está llena de la energía del mahatma. Si uno bebe el agua de la pada puja no necesita ir a Benares ni a ningún otro lugar. No hay nada que purifique más que el agua de la pada puja. Ella es el auténtico Ganges.

Pregunta: Amma, ¿de dónde viene la santidad y la pureza de los ríos sagrados?

Amma: Todos los ríos nacen en las montañas. No hay diferencia entre las aguas que fluyen por los diferentes ríos. ¿Qué diferencia al

---

[13] Benares está considerado como uno de los lugares más sagrados de la India.
[14] La pada puja es un ritual que consiste en lavar los pies del gurú.

Ganges de los otros ríos? ¿Cómo explicar que nadie coge ninguna enfermedad cuando se baña en el Ganges?[15]

Muchos mahatmas se bañan en ríos como el Narmada y el Ganges y numerosos ascetas meditan en sus orillas. Eso es lo que santifica a esos ríos sagrados. Un río se vuelve sagrado cuando los mahatmas se bañan en él. Sus puras vibraciones se disuelven en el agua. Bañarse en compañía de un mahatma, es como si se probase un poco de la dicha de Brahman. Bañarse en presencia de un mahatma equivale a bañarse en el Ganges.

No obstante, la fe es el fundamento de todo. Con amor y fe, cualquier agua se convierte en sagrada. ¿Conocéis la historia de Pakkanar? Una vez, un brahmin que se disponía a ir a Benares invitó a Pakkanar a que lo acompañara. Tenía previsto bañarse en el Ganges y recibir el darshan del Señor Vishvanath de Benares. Sin embargo, Pakkanar no podía partir en aquellos momentos y le dijo: "Puesto que tú vas a ir de todas formas, te estaré muy agradecido si sumerges mi bastón de peregrino en el Ganges sagrado y me lo traes." El brahmin aceptó y se llevó el bastón. Pero, una vez en Benares, mientras se bañaba en el Ganges, la corriente se llevó el bastón. A su regreso, el brahmin explicó a Pakkanar cómo había perdido su bastón. Pakkanar le dijo: "No te preocupes, voy a recuperarlo." Se sumergió entonces en una laguna que se encontraba cerca de su casa y ¡salió a la superficie con el mismo bastón que había confiado al brahmin!" A continuación le dijo a éste: "Si tienes suficiente fe, cualquier agua puede convertirse en agua del Ganges sagrado; y si no tienes fe, el Ganges y el Yamuna no son más que unos ríos corrientes."

---

[15] Amma hace aquí referencia a la polución actual del Ganges, a las cloacas que desembocan, a los millones de personas que se bañan y a todos los cadáveres que dejan en su corriente.

Pregunta: Así, cuando Amma está con nosotros, todas las aguas sagradas están presentes. Algunos, sin embargo, han ido a Rishikesh y a Haridwar [16].

Amma: La entrega de ellos es limitada. Una vez que se conoce a un mahatma, hay que tener una fe inocente y entregarse a él como un niño. Si alguien va en busca de agua sagrada después de haber encontrado a un maestro espiritual, significa que todavía no tiene una fe firme. Podéis obtenerlo todo de un satgurú, no hay necesidad de ir a ninguna parte en busca de algo.

¿Conocéis la historia de Ghanesa? Un día, Ghanesa y Muruga vieron que su madre Devi Parvati (La Madre Divina) sostenía en su mano un fruto maravilloso. Ambos fueron a pedírselo. La Madre Divina prometió entregar el fruto al que primero lograra dar la vuelta al mundo. Muruga montó sobre su pavo y partió veloz. Pero Ghanesa sabía que el universo moraba dentro de sus divinos padres y se quedó. Después de dar una vuelta alrededor de sus padres, pidió el fruto a su madre. La diosa se lo dio con alegría. El que sabía que la creación entera estaba contenida en el interior de Shiva y de Parvati, recibió el fruto de la inmortalidad. Lo mismo sucede cuando os refugiáis en un satgurú, todo se os da. En los pies sagrados del gurú están contenidas todas las divinidades, todos los mundos. Si se tiene fe en un maestro espiritual, nada nos tendría que hacer dudar de esa fe. Debería ser inmutable y constante.

No siempre resulta fácil vivir cerca de Amma. Es posible que tengáis que afrontar penalidades o superar alguna prueba. Cuando os encontréis con alguna de estas dificultades menores, tal vez tengáis ganas de marcharos. Unos desearán ir a Benares, otros a Haridwar o al Himalaya para dedicarse a la práctica

---

[16] Cuando Amma anuló su viaje al Himalaya, algunos devotos occidentales fueron por sus propios medios a estos dos lugares, situados a los pies del Himalaya.

espiritual. Pero, hijos míos, no tenéis conciencia de la forma en que un mahatma trabaja en vosotros. No lo comprendéis y estáis desconcertados. Amma opera desde el interior, muy profundamente, sin hacer ninguna incisión exterior. Opera y crea profundas transformaciones. De forma sutil, suprime vuestros vasanas. No lo veis, pero es posible que tenga que eliminar muchas cosas. Amma hace salir el pus de las heridas que lleváis en vosotros y ese proceso, a veces, resulta doloroso. Hay muchas cosas que extraer. Es como un imán moviéndose bajo una mesa sobre la que estarían dispuestas partículas de hierro. Vosotros no veis más que las partículas porque el imán permanece oculto. Cuando se desplaza, las partículas que están sobre la mesa se mueven y cambian de posición, sin que comprendáis por qué ni cómo. Al no entender este doloroso proceso, tenéis posiblemente ganas de huir.

En presencia de un mahatma, vuestros vasanas se extinguen rápidamente. Cuando han desaparecido todos, se produce la realización.

Hijos míos, si hacéis práctica espiritual por vuestra cuenta, seguramente no lograréis eliminar el prarabdha de cien vidas. Pero si permanecéis junto a un satgurú y realizáis práctica espiritual, es posible eliminar el prarabdha de mil vidas.

Hacer práctica espiritual de acuerdo con las instrucciones de un satgurú, es como cavar un pequeño agujero cerca de un río; seguro que encontráis agua. Mientras que practicar por vuestra cuenta, sin la guía de un maestro, es como cavar en una roca.

El discípulo que está totalmente entregado a su maestro no lo abandonará nunca. Ni siquiera la idea de marcharse, le pasará por su mente. Aunque apareciera Dios, el discípulo preferirá permanecer con el maestro antes que seguir a Dios; entre Dios y el maestro, elegirá al maestro.

Había una vez un gran sabio que tenía numerosos discípulos. Un día, los convocó a todos y les dijo: "A causa de los frutos de mis acciones pasadas, este cuerpo va a sufrir muy pronto la lepra y la ceguera. Me voy a marchar a vivir en Benares. ¿Alguno de vosotros está dispuesto a venir y atenderme cuando este cuerpo caiga enfermo?"

Los discípulos se miraron entre sí; sus rostros expresaban sobrecogimiento y temor. Nadie se atrevía a decir nada. Entonces, el más joven de los discípulos se levantó y dijo: "Venerado maestro, iré con usted."

Pero el maestro contestó: "Hijo, eres demasiado joven y aún no sabes lo que significa servir."

El joven replicó: "¡Respetado maestro, estoy dispuesto a ir, pues lo único que deseo es acompañaros!" El maestro se esforzó en disuadirlo, pero el discípulo no cedió dada la intensidad de su deseo. Por tanto, el maestro y su joven discípulo viajaron hasta Benares. Poco después de su llegada, el maestro contrajo la terrible enfermedad y perdió la vista. Noche y día, el discípulo sirvió a su maestro con devoción. Nunca lo dejaba solo, salvo para ir a mendigar comida o lavar las ropas del maestro. Se ocupaba constantemente de él y hacía todo lo que estuviera en sus manos para satisfacer hasta las más mínimas necesidades.

A pesar de la devoción inquebrantable del joven y de su completa dedicación, el maestro le reñía a menudo con severidad y le acusaba de faltas que no había cometido. Le reprendía diciéndole que las ropas estaban mal lavadas o que la comida estaba podrida. En otras ocasiones, sin embargo, se mostraba tierno y amoroso, diciéndole que se estaba esforzando mucho.

Un día se le apareció al discípulo el Señor Shiva y le dijo: "Estoy muy contento por tu devoción y abnegación hacia tu maestro, puedes pedirme un favor." Pero el discípulo no quería pedir nada sin recibir, primero, la autorización de su maestro. Entonces, se fue corriendo a buscar al maestro y le dijo: "Mi gurú reverenciado, ¿puedo pedir al Señor Shiva que cure vuestra enfermedad?"

El maestro respondió encolerizado: "¡Tú no eres mi discípulo, sino mi enemigo! ¿Deseas que sufra todavía más en mis próximas vidas? ¿No deseas que se consuma mi prarabdha ahora y me libere en esta vida?"

El discípulo regresó todo triste y le dijo a Shiva: "Señor, perdóname, pero mi maestro no deja que te pida la única cosa que deseo. Por lo que a mí respecta, no deseo nada en particular."

Así pasaron los años y el discípulo, encarnación de la devoción, continuó sirviendo al maestro con el mismo amor e inquebrantable entrega. Un día, en que se dirigía a la ciudad para mendigar comida, el Señor Vishnu se le apareció y le dijo: "Hijo mío, estoy muy contento por tu devoción y abnegación hacia tu maestro. Estoy dispuesto a concederte cualquier favor. Sé que no le pediste nada al Señor Shiva, pero espero que no me decepciones también a mí."

El discípulo preguntó al Señor. "¿Cómo puedes estar contento de mi servicio, si yo no te he servido, ni siquiera me he acordado de ti?" El Señor Vishnu le sonrió y contestó: "No hay diferencia entre el maestro y Dios. Dios y el gurú no son más que uno. Lo que me complace es ver cómo sirves a tu maestro."

De nuevo, el discípulo fue a ver a su maestro para que le permitiera solicitar una gracia. El maestro le contestó: "Si tú deseas algo, pídelo, pero no pidas nada para mí." El discípulo regresó al lado del Señor Vishnu y le dijo: "¡Oh Señor, dame más conocimiento y sabiduría para que pueda servir mejor a mi maestro, de acuerdo con sus deseos! Por mi ignorancia, no llego a comprender qué es lo que realmente desea. ¡Oh Señor, concédeme el conocimiento necesario para servir a mi maestro como mejor convenga." Su petición complació al Señor Vishnu y afirmó: "¡Que así sea!"

Cuando el discípulo regresó a su maestro, éste le preguntó qué favor había pedido al Señor. El discípulo le explicó lo sucedido. De pronto, todos los síntomas de la lepra desaparecieron del cuerpo del maestro y recuperó la vista. Sonrió a su sorprendido discípulo y lo estrechó entre sus brazos.

El mahatma se había causado voluntariamente la lepra y la ceguera para poner a prueba la devoción y abnegación del más joven de sus discípulos. Establecido en la Verdad Suprema, no tenía que consumir ningún prarabdha. Bendijo a su discípulo concediéndole el conocimiento supremo y dijo: "Estoy muy satisfecho de tu devoción. Los discípulos que sirven a su maestro con tanta devoción y abnegación, están a salvo de cualquier peligro Que todos tus discípulos y sus discípulos futuros sean benditos gracias a ti."

Hijos míos, actualmente sois como bebés; jugáis y reís con Amma disfrutando de su compañía. Pero no comprendéis lo que hace Amma, ni quién es realmente. Vosotros no veis más que a la Madre exterior; y casi nadie se interesa por la Conciencia Suprema, por la Madre interior. No anheláis conocer al Ser que habita dentro de vosotros, no deseáis realmente a la verdadera Madre.

Cuando un bebé llora, su madre le pone un chupete en la boca y el bebé se entretiene con él. Pero en realidad, un bebé hambriento lo que necesita es leche. Algunos bebés se contentan con un chupete que no da leche. El mundo exterior es como ese chupete. Vosotros, hijos, os contentáis con reír y jugar. Os divertís con los objetos sensoriales. Amma va allí donde estáis jugando y os pone la comida en la boca. Pero estáis tan absortos en vuestro juego, que no apreciáis el valor del alimento que Amma os da. No progresaréis si os contentáis con visitar los templos y lugares santos.

Hijos míos, cultivad la inocencia. La inocencia y la pureza de vuestro corazón os salvarán. Todo es posible con la fe y la confianza de un niño.

Pregunta: Pero no tenemos esa inocencia, Amma. ¿No habremos perdido nuestro corazón infantil?

Amma: No, no habéis perdido esa inocencia. Todavía sigue en vosotros. Cuando jugáis con un niño pequeño, ¿no os volvéis como él? ¿No os situáis a su nivel? Cuando ponéis una cuchara de comida en la boca de un niño, ¿acaso no abrís también la boca como si fuerais niños? Cuando jugamos con ellos, nos olvidamos de todo para volvernos niños. Compartimos su alegría y olvidamos nuestro egoísmo, porque nos sentimos unidos al corazón inocente del niño.

Pero la cabeza no deja, a menudo, que se exprese el corazón. Deberíamos dejar la mente racional y sumergirnos profundamente en el corazón. Escoged el corazón, hijos míos. Si se mezcla azúcar y arena, las hormigas sólo se interesarán por el azúcar. Les gusta saborear la dulzura del azúcar. Pero un ser humano, que funciona a partir del intelecto, es incapaz de hacerlo. No hace más que arañarlo todo superficialmente con el intelecto. Para que podamos saborear el azúcar, necesitamos abrir nuestro corazón.

Pregunta: Amma, nos dejamos arrastrar por la mente sin ser conscientes de ello. ¿Qué podemos hacer?

Amma: Hijos, hasta ahora habéis puesto vuestra fe en la mente. Pero ésta es como un mono que salta de rama en rama, de un pensamiento a otro, y continuará así hasta el último momento. La mente seguirá presente hasta el final. Si hacéis de ella vuestra compañera es como haceros amigos de un loco; siempre os causará problemas. No tendréis nunca paz. Mantenerse en compañía de necios, nos hará necios a nosotros también. Es una locura confiar en la mente y hacer lo que ella quiere. No os dejéis engañar por la mente. Recordemos siempre nuestra meta: la Auto-Realización. No nos dejemos engañar por las distracciones que aparecen a lo largo del camino.

Lleváis vuestros samskaras con vosotros. Así que tenéis que avanzar poco a poco, paso a paso. Es un proceso lento que requiere fe y confianza. Es importante que os desapeguéis de vuestros pensamientos y que os neguéis a dejaros encadenar por la mente.

Pregunta: Amma, hago muchos esfuerzos para evitar tener malos pensamientos, pero continúan surgiendo en mi mente.

Amma: ¡No temas nada! No les des ninguna importancia a esos pensamientos cuando aparezcan. Imagina que vas a iniciar una peregrinación en autobús. Mientras viajas vas mirando el paisaje por la ventanilla del autobús. A veces la vista es bonita y otras no lo es tanto. Pero por muy fascinante que sea el paisaje, nos olvidamos de él tan pronto ha pasado. No pedimos que se detenga el autobús cada vez que vemos algo bonito. Apreciamos la belleza, pero continuamos nuestro viaje con la mente puesta en la llegada. Si no fuera así, nunca llegaríamos. Por tanto, necesitamos pensar en nuestro destino. Deja que los pensamientos y los vasanas que se alzan en tu mente pasen como el paisaje que desfila a través de la ventanilla del autobús. Si no te dejas cautivar por ellos, no te afectarán demasiado.

La mente tiene dos caras. Por una cara, mira con intensidad hacia la meta y anhela la Auto-Realización. Y por la otra, mira hacia el mundo exterior. Se libra una tremenda batalla entre las dos. Si no le das importancia a los pensamientos que surgen en la mente, no hay ningún problema.

Ahora, tu mente es como un espejo situado a la orilla del camino: refleja todo lo que pasa. En este sentido, la mente sigue todo lo que vemos u oímos.

Sin embargo, nos falta una de las cualidades que posee el espejo: aunque lo refleje todo con nitidez, nada le afecta. Todo objeto desaparece en cuanto deja de estar fuera de su ángulo de visión. El espejo no está apegado a nada. Así es como tendría que ser nuestra mente. Todo lo que vemos, oímos o pensamos, deberíamos olvidarlo inmediatamente, igual que olvidamos el paisaje que desfila por la ventana del autobús. No deberíamos apegarnos a nada. Vive como simple testigo sabiendo que los pensamientos que aparecen y desaparecen pertenecen a la mente y no afectan al Ser.

Si deseas saborear la belleza de un río de corriente rápida, y no sólo admirar sus aguas sino también los peces, otras criaturas y objetos que se encuentran en el agua y forman parte del río, es mejor permanecer en la orilla para verlo todo. Si saltas al agua, es posible que la corriente te arrastre y termines ahogándote, sin poder saborear la belleza del río. Vive así, como un testigo, sin dejarte llevar por la corriente de la mente. Aprende a desapegarte.

Debemos ser capaces de controlar la mente y tener la fuerza necesaria para detenerla, igual que los frenos de un coche nuevo, que controlan la velocidad y detienen el vehículo cuando es preciso.

Las personas tienen fe en su mente y no en su maestro espiritual. Pero confiar en la mente es como ponerse bajo las órdenes de un loco. La mente es alocada. Disfruta reflejando sólo la superficie de lo que ve, sin comprender la verdad más profunda.

Es muy importante estar en presencia de una gran alma (satsang), leer libros espirituales y asistir a charlas y conferencias de carácter espiritual. Estas actividades os ayudarán a desarrollar vuestra capacidad de discernimiento y os aportarán la paz. El esfuerzo personal también es necesario.

El camino que debemos seguir está lleno de obstáculos. Hay que mantenerse atentos, como si atravesáramos un puente que no se ha utilizado durante mucho tiempo y está cubierto de barro resbaladizo. Mientras lo cruzamos ponemos mucha atención a cada paso para no resbalar. Si caemos, nos volvemos a levantar. Cuando se produce una caída, ésta nos sirve para aprender a levantarnos de nuevo y poner más atención. El éxito y el fracaso constituyen la naturaleza misma de la vida. Pon más atención a partir de ahora. No es conveniente permanecer pasivo cuando uno se encuentra en una situación difícil o negativa. Has de saber que el riesgo de una caída persiste hasta el último momento, hasta la víspera de la liberación.

Cuando los deseos, la ira y los celos surgen en la mente, tenemos que utilizar nuestro discernimiento. Hay que mantenerse vigilantes al avanzar, hijos, pues una caída se puede dar en todo momento.

Pregunta: En caso de una caída, ¿Amma nos ayudará a volvernos a levantar?

Amma: Sabed que Amma está siempre con vosotros. Tened fe. Hijos míos, es inútil tener miedo. Pero, por vuestra parte, necesitáis hacer el esfuerzo y manteneros perseverantes. Si llamáis a Amma con inocencia y fe, ella estará siempre dispuesta a ayudaros. Si caéis, volveros a levantar. Transformad la caída en una ascensión.

Pregunta: Los mahatmas que han llegado a la Auto-Realización, ¿conocen la atracción y el rechazo?

Amma: No, en ese estado todo es idéntico, no hay preferencias. No existe más que el testigo que lo observa todo. Un mahatma domina su mente y puede siempre decir no. Si el mahatma desea jugar, utiliza su mente para hacerlo, pero puede dominarla e interrumpir el juego en cualquier momento. La mente de un mahatma es semejante a los frenos de un coche de lujo: si se frena, el coche se detiene al momento y no resbala, aunque vaya a gran velocidad. Las personas comunes son esclavas de su mente; hacen sólo lo que ésta les dicta. Pero un mahatma controla su mente con firmeza y no se ve dominado por el poder de la mente. El mahatma se contenta con ser testigo de todo. Amma se refiere a los mahatmas auténticos, no de los que andan por ahí proclamando que son libres de todas las cadenas, pero siguen dominados por el deseo y la ira.

El Señor del Yoga -El Protector del Dharma

Pregunta: La personalidad del Señor Krishna impregna toda la historia de la cultura hindú. Muchas de sus acciones son, sin embargo, difícilmente explicables. Algunas podrían incluso parecer injustas. ¿Qué nos puede decir Amma sobre esta cuestión?

Amma: Cualquiera que posea una correcta comprensión del Ser Supremo, de Sri Krishna, no tendrá ninguna duda respecto a sus acciones. La vida de Sri Krishna seguirá siendo un modelo para las generaciones futuras, tal como lo ha sido hasta ahora. Su gloria es insuperable y su historia constituye una fuente de alegría e inspiración para toda clase de personas.

Si un restaurante no ofrece más que un plato en su menú, sólo conseguirá atraer a los que les guste ese plato. Pero si propone una gran variedad de manjares, acudirá todo tipo de personas. Las enseñanzas de Krishna son apropiadas para todos. No vino al mundo para contentar a un determinado sector de la sociedad, sino para mostrar a todos el camino del progreso espiritual, incluidas las prostitutas, los ladrones y los asesinos.

El Señor nos invita a seguir nuestro dharma. No nos anima a cometer actos injustos ni a persistir en acciones contrarias al dharma. Nos exhorta a vivir de acuerdo con el verdadero dharma y a que nos mantengamos unidos a Él, para que progresemos hacia el fin último de la vida.

El Señor no nos pide que perdamos el tiempo pensando en los errores pasados o lamentándonos. Nos enseña a corregir esos errores y a avanzar. No existe ningún pecado que no pueda ser lavado con las lágrimas del remordimiento. Pero una vez que sabemos lo que es correcto, no deberíamos volver a repetir nuestro error. Se trata de desarrollar suficiente fuerza mental para seguir por el buen camino. El Señor nos ha mostrado la forma más apropiada de conseguirlo, en función del nivel en el que nos encontremos. La vía que le conviene seguir a una persona no tiene por qué adecuarse a otra. Eso no supone ninguna limitación por parte del Señor, ni tampoco de sus enseñanzas sino, más bien, un reconocimiento de los diferentes samskaras personales.

El Ser Supremo, Sri Krishna, vino para elevar a todos los seres. Los que cuestionan algunas de sus acciones lo hacen porque no han llegado realmente a comprenderlo. Si contemplamos un paisaje desde el suelo, vemos las colinas y los valles, los campos y los bosques. Pero si lo miramos desde lo alto del cielo, no veremos más que una extensión verde. En realidad, todo depende de nuestro punto de vista. Si miramos los actos del Señor con la perspectiva adecuada, vemos claramente que cada uno de ellos tenía por finalidad elevar a las personas espiritualmente. Sin embargo, si miramos con los ojos teñidos por la duda, sólo veremos errores. Quienes contemplan el mundo de esa manera no pueden ver nada bueno en nadie. Dios no tiene ninguna culpa, pues se trata más bien de un defecto de sus samskaras internos. Pero el Señor Krishna también ha mostrado a esas personas cómo elevarse espiritualmente. Si la vida en la India se ha deteriorado tanto es porque no se han asimilado correctamente las enseñazas del Señor.

Si un niño recibe un regalo de cumpleaños, maravillosamente envuelto en papel de gran colorido, puede quedarse fascinado por el envoltorio y no interesarse por el magnífico regalo que contiene. Eso es lo que le ha ocurrido a mucha gente con Sri Krishna. Algunos se han sentido fascinados por los milagros que realizó, pero otros no han sabido ver más que errores en sus acciones y lo han criticado. Ninguno de ellos ha captado la verdadera esencia, perdiendo la oportunidad de llegar al Señor mismo. ¡Han rechazado el fruto y se han disputado las pieles! No estaban preparados para comprender el mensaje de su vida. En lugar de dedicarnos a alabar o a criticar a los mahatmas, asimilemos el mensaje contenido en sus vidas benditas. De esa manera, podremos llevar una vida tranquila, gozosa, y llegar a ser ejemplo de vida para el mundo.

Pregunta: ¿No se separó el Señor, en varias ocasiones, del camino de la verdad durante la guerra de Kurukshetra?

Amma: Realmente, no podemos comprender o asimilar las obras del Señor con nuestra estrecha mente. Cada uno de sus actos, cada uno de sus movimientos, estaba firmemente enraizado en el dharma. No es posible comprender las acciones de un mahatma desde un punto de vista corriente. Sólo llegaremos a vislumbrar algún sentido en las obras de un mahatma, a través de una profunda contemplación y pureza de corazón.

Un mahatma no tiene ego. Es como un ave que no sigue unas normas determinadas. Difícilmente se podrían aplicar las normas de circulación al vuelo de las aves. Pero los que todavía poseen un sentido del ego, tienen que vivir siguiendo las normas.

El Señor obró siempre de acuerdo con las circunstancias. No tenía más que un único fin: restablecer el dharma. Aceptaba el punto de vista individual, pero cuando tenía que tratar con la sociedad, daba mayor importancia a ésta. Si observáis a Sri Krishna en el Bhagavad Gita, comprobaréis que toda su enseñanza trata sobre el Ser Supremo, y que, si participó en la guerra, no fue por su propio interés.

Pregunta: Durante una guerra, mueren miles de personas. ¿No estaba el Señor Krishna estimulando la violencia cuando le pide a Arjuna que combata?

Amma: Sri Krishna jamás deseó la guerra. Actuaba de un modo sumamente tolerante. Cuando la tolerancia de un ser poderoso anima a alguien a atacar y a mostrarse violento, esa tolerancia se convierte entonces en una forma de violencia mucho mayor. Si nuestra tolerancia refuerza el egoísmo de otra persona, es mejor desecharla. Sin embargo, hay que estar muy atentos para no albergar ningún sentimiento de venganza o resentimiento hacia esa persona. En lugar de sentirnos violentos con ella, lo que debemos hacer es rechazar las acciones incorrectas que comete.

El Señor no sentía odio alguno hacia Duryodhana. Sólo quería que abandonara su mal camino por el bien del pueblo y del país. Como no había otro medio de alcanzar ese fin, el Ser Supremo, Sri Krishna, consintió la guerra. Aunque tenía el poder de destruir el mundo entero; sin embargo, decidió no portar ni una sola arma y participar únicamente como un humilde cuadriga. ¿No prueba eso que no le interesaba combatir?

Si, al menos, Duryodhana hubiera ofrecido una casa para vivir a los Pandavas, Sri Krishna los hubiera tranquilizado y pedido que aceptaran. Pero los Kauravas se negaron mostrar un mínimo de compasión, ni siquiera para concederles una casa. Fueron los Kauravas, especialmente Duryodhana, quienes obligaron a los otros a combatir[17].

Si un país cae en manos de un dirigente que es la encarnación de la injusticia, eso puede acarrear la destrucción del mundo. Semejantes personas deben ser separadas del poder lo más rápidamente posible, y por cualquier medio. Esto es una muestra de

---

[17] La mitad del reino pertenecía a los Pandavas. Tras doce años de exilio, los Pandavas esperaban que los Kauravas les devolviesen la mitad del reino que les pertenecía, pero su primo Duryodhana rehusó.

compasión hacia la sociedad. Cuando cortamos un árbol vene-noso, se destruyen posiblemente algunas pequeñas plantas que crecían bajo su sombra. Si plantáis un frutal, arrancáis todas las pequeñas plantas que impiden su crecimiento. Pero pensad en los beneficios que aportará cuando crezca y dé frutos. Después, bajo su sombra, se desarrollarán otras muchas plantas. Si lo miramos desde ese punto de vista, puede ser aceptable, aunque lamentable, la destrucción inicial de algunas plantas pequeñas, pero no es una forma de violencia gratuita. Si Duryodhana hubiera seguido vivo, habría invadido otros reinos y ocasionado muchas más víctimas que durante la guerra del Mahabharata. Sus actos también habrían sido mucho más nocivos para la evolución futura de la sociedad y de la civilización. Es preferible proteger el dharma, incluso pagando el precio de algunas vidas, antes que permitir que estos seres adharmicos reinen indefinidamente, lo que supondría un mayor número de muertos y la degeneración total del dharma. Eso fue lo que hizo Sri Krishna: proteger el dharma. La guerra era la única solución para salvar el dharma. El Señor actuó de forma totalmente adecuada. Si hubiera actuado por interés propio, se le podría criticar, pero ninguno de sus actos tenía un fin egoísta. No obró para sí mismo ni para su familia, sino para proteger y preservar el dharma, y permitir que las personas vivieran alegres y satisfechas.

Pregunta: ¿Era justo que el Señor incitara a Arjuna a combatir?

Amma: El Señor nos ha enseñado a discernir entre el dharma y el adharma. Nos ha enseñado que, incluso, la guerra puede ser aceptable, si no existe otro medio de sostener el dharma. Pero nunca obró de forma impulsiva. Dio muchas ocasiones a los Kauravas para que volvieran a la vía del dharma, mostrándonos, con su ejemplo, que sólo hay que tomar las armas si los otros se niegan a seguir la vía justa.

Cada individuo tiene su propio dharma y ha de estar dispuesto a vivir de acuerdo con él. En caso contrario, tanto él como el orden social se verán afectados de forma negativa. Un mahatma no desea hacer mal a nadie, pues no está apegado a nada. Su único deseo es mantener el dharma en la sociedad, y actuará con ese fin según las circunstancias.

Imaginad que se declara un incendio en una casa. ¿Iréis a decirles a los habitantes de la casa que se queden junto al fuego y mediten? No. Les pediréis que tiren agua y lo apaguen lo más rápidamente posible. Si necesitáis algunas ramas para apagar un fuego en el bosque, no dudaréis en arrancarlas. En estas situaciones, la forma correcta de actuar sería esa. Y eso fue lo que hizo Sri Krishna. Un ser valiente que, tras una madura reflexión, adopta la postura justa; no se da media vuelta pues, si lo hiciera, iría en contra del dharma.

Un mahatma concede más importancia al bienestar de la sociedad que a la felicidad o a la desdicha de un ser individual. Si se hubiera dejado actuar a Duryodhana y a sus partidarios, la sociedad se habría visto invadida por el mal. El Señor Krishna sabía que la única manera de salvar el dharma implicaba la destrucción de esos individuos. Por ese motivo, impulsó a Arjuna a combatir. Mirar pasivamente cómo crece y se desarrolla el mal, sin hacer nada ni preocuparse lo más mínimo, constituye el más grave de los delitos.

Fue Duryodhana quien provocó la guerra. Sri Krishna le aconsejó muchas formas de evitarla, pero las rechazó todas.

Los Kauravas se apoderaron de todos los bienes por medios ilícitos. Con trampas en el juego de dados, despojaron a los Pandavas de todas sus posesiones. Los Pandavas, en cambio, se adhirieron con firmeza al principio de la verdad, sin apartarse jamás. El Señor intentó negociar en su nombre, pero los Kauravas rehusaron la mediación. Sri Krishna explicó a los Kauravas que los Pandavas no querían todo el reino, sino sólo la mitad. Los Kauravas no se mostraron de acuerdo. Entonces les preguntó si les darían una casa para vivir a cada uno de los Pandavas, y también contestaron que no. El Señor estaba dispuesto a contentarse con que, al menos, les dieran una sola casa para vivir. Pero cuando los Kauravas tuvieron la arrogancia de decir que no les darían ni la suficiente tierra para clavar una aguja, Sri Krishna tuvo que aceptar el carácter inevitable de la guerra. Si hubiera tolerado que se comportaran de manera tan contraria al dharma, ¿cuáles habrían sido las consecuencias para la sociedad? Además, no se trataba de personas corrientes, sino de los soberanos del país. De haber caído el país en manos de esos gobernantes, habría supuesto la ruina total. La bondad y el dharma hubieran desaparecido, provocando la decadencia del pueblo y del país. Precisamente, un mahatma tiene el dharma de eliminar el adharma, restablecer el dharma y proteger al mundo entero. Sri Krishna utilizó a los Pandavas como instrumento para lograrlo.

Un soberano debe considerar a sus súbditos como parientes cercanos. Pero los Kauravas los consideraban como enemigos. ¿Qué bien podría esperarse de un país en el que sus dirigentes se muestran injustos con sus propios primos?

Sri Krishna tenía una paciencia infinita y sabía perdonar. Fue a aconsejar a los Kauravas y a enseñarles el dharma; pero, nada más llegar a la corte real, intentaron deshonrarlo. Si se deja que ese tipo de personas obre con total impunidad, se causa un gran perjuicio a la sociedad y a la causa del dharma.

El Señor intentó, en primer lugar, con los cuatro medios tradicionales: la conciliación, la caridad, la reprimenda y el castigo. Sin embargo, una vez fracasados todos esos medios, no le quedó más recurso que la guerra para destruir a los que favorecían el adharma.

Había una vez un maestro espiritual que tenía un discípulo alistado en el ejército. El país entró en conflicto con otra nación y estalló la guerra. El discípulo no había combatido nunca; pero, como había oído historias terribles sobre la guerra, se sentía aterrorizado con tan sólo oír la palabra "guerra". Desertó y fue en busca de su maestro. Le dijo que quería renunciar a toda acción y anhelaba volverse un sannyasin (monje renunciante). Mientras, el enemigo avanzaba y el país se veía amenazado al no contar con suficientes soldados para defenderlo. El maestro sabía que el deseo de su discípulo venía motivado por el miedo, no por el deseo de desapegarse del mundo. Así que lo envió al campo de batalla después de insuflarle suficiente valor. Si el maestro actuó de esta manera, no fue porque sintiera el más mínimo aprecio a la guerra, sino porque, en ese preciso momento, el deber de su discípulo era combatir, pues era soldado. No es justo mostrarse cobarde y darse a la fuga. Al que le falte valor, nunca podrá alcanzar la liberación mediante los votos de monje. El maestro enseñó al discípulo cuál era su dharma y le dio fuerza para seguirlo. ¿Sería justo decirle a un soldado, en pleno campo de batalla, que lo abandone todo y se haga monje porque ese es el camino que lleva a la liberación? Los soldados tienen la responsabilidad de proteger la seguridad de un país, por tanto se traicionarían a sí mismos si no cumplieran con su deber. Cuando la seguridad de un país está en juego, el dharma de un soldado no es abandonar el mundo y hacerse monje; sino combatir. Si decide renunciar al mundo en ese momento, no le será fácil, pues su propia naturaleza no se lo permitirá.

Los grandes maestros espirituales vienen al mundo para que todos tomen conciencia de su dharma y para guiar al mundo hacia la rectitud. Si los soldados no cumplen con su deber, el país se verá en peligro y la población sufrirá. Para evitarlo, un maestro auténtico sólo puede aconsejar a un soldado que cumpla con su deber correctamente. Eso no significa que estén a favor de la muerte o la violencia. Simplemente, les animan para que sigan el dharma que sea más adecuado en cada momento. Cuando juzguemos las palabras o los actos de un mahatma, conviene tener en cuenta las circunstancias.

La situación de Arjuna no era diferente de la del soldado de la historia. Él también expresó el deseo de renunciar a todo. Ese anhelo se debía al apego que tenía por sus parientes cercanos y amigos, que luchaban en el lado contrario. Sin embargo, en ese momento preciso, el dharma de Arjuna era combatir, y no en renunciar al mundo. Su deseo de abandonar no procedía del discernimiento, de una justa diferenciación entre lo efímero y lo eterno, sino del apego que sentía hacia sus familiares. El Señor lo sabía y le impulsó a combatir.

Si el Señor apremió a Arjuna a librar batalla fue para que siguiera su dharma, y no por amor a la guerra. De haber querido el Señor la guerra, habría convencido a los Pandavas para que combatieran mucho antes, sin necesidad de esperar. Cuando se abandona el dharma por miedo, por apego o por cualquier otra razón, se causa un efecto nocivo en la sociedad y en todo el país. Los mahatmas lo saben y, por tanto, animan a las personas a seguir su dharma, de acuerdo con las circunstancias.

Los seres que conocen el Ser están siempre llenos de compasión. Anhelan que la sociedad prospere en paz y armonía, evitando la discordia y la batalla. Eso sólo es posible si prevalece el dharma. Este es el modelo que nos ofrece Sri Krishna, el Ser supremo.

Pregunta: La tradición afirma que, a los ojos de Sri Krishna, todos los seres eran iguales. Sin embargo, ¿no sentía una mayor predilección por los Pandavas?

Amma: El Señor nunca obra por apego. ¿Cómo iba a sentir apego un ser que no experimenta apego alguno hacia sus parientes y amigos, y ni siquiera hacia sus propios hijos? Incluso cuando los hijos y parientes de Sri Krishna lucharon entre ellos y perecieron a causa de su arrogancia, Sri Krishna no perdió, ni siquiera entonces, su equilibrio. No cambió en absoluto la expresión de su rostro. Mientras un ser conserve la más mínima traza de apego, no puede iluminar el camino del dharma al mundo. Una mente nublada por el apego no puede distinguir entre lo correcto y lo incorrecto.

El Señor no mostró ninguna preferencia por Duryodhana o por Arjuna, cuando los dos acudieron a pedirle ayuda, al inicio de la guerra. Les dio lo que pedían. Duryodhana pidió el ejército de Sri Krishna, y el Señor se lo dio sin dudar. Arjuna sólo pidió la ayuda del Señor y no modificó su petición cuando Sri Krishna le explicó que no portaría armas durante la batalla. Si el Señor se puso del lado de los Pandavas, fue gracias a la pura devoción de Arjuna y a su entrega, y no porque estuviera apegado a los Pandavas.

Suponed que se ofrece un vaso de agua a dos personas. Si una lo rechaza y la otra, ávida de sed, se lo bebe, ¿vamos a afirmar que el donante muestra apego hacia esta segunda persona? Duryodhana no quería al Señor, sino únicamente su ejército. Arjuna no sentía ningún deseo por las armas del Señor; no anhelaba más que al Señor, a nadie más. Krishna concedió a cada uno lo que deseaba.

El Señor mantuvo su promesa y condujo el carro de Arjuna. En el campo de batalla, Arjuna se puso a los pies del Señor como buen discípulo. Por medio del Bhagavad Gita, Sri Krishna reveló entonces a Arjuna su dharma. Así, cuando el motivo de nuestra acción es puro, sin ningún tipo de apego, el conocimiento del Ser nos hace de guía y nos va indicando el camino. El señor mostró su forma cósmica tanto a Duryodhana como a Arjuna. Duryodhana no vio más que un despreciable juego de magia. Sin embargo, Arjuna creyó y se abandonó a los pies del Señor. Si los Pandavas consiguieron la victoria, se debió a la fe y a la humildad de Arjuna.

Sólo la presencia de Sri Krishna permitió que los Pandavas perdonaran a los Kauravas por la grave injusticia que habían cometido. Si Krishna no hubiera estado allí, los Pandavas hubieran dado muerte a Duryodhana. La vía del dharma no consiste en actuar de forma impulsiva y arrogante, sino con la máxima tolerancia y humildad. Eso fue lo que el Señor mostró al mundo a través del ejemplo de los Pandavas.

Pregunta: ¿Es justo emplear la violencia, aunque sea para preservar el dharma?

Amma: Cuando se trata de juzgar si una acción es violenta o no lo es, no basta con examinar el acto en sí. Lo que importa es la actitud con la que se hace esa acción.

Suponed que una mujer tiene una joven sirvienta para limpiar y la sobrecarga de trabajo. Aunque la sirvienta intenta hacerlo todo, no lo consigue y recibe una buena reprimenda. Desconsolada, se pone a llorar. La misma señora de la casa tiene una hija que se pasa el día jugando, en lugar de hacer los deberes. Le da unos pequeños azotes y la niña se pone a llorar al igual que la sirvienta. El castigo que recibe la hija no puede verse como un acto violento, pues la intención de la madre es buena ya que quiere asegurar un futuro mejor para su hija. No se trata de violencia, sino de la expresión de amor que la madre siente por su hija.

En cambio, aunque esta mujer no haya golpeado a la sirvienta, se ha mostrado cruel con ella. Se trata en realidad de una forma de violencia. ¿Se comportaría así una verdadera madre con su hija? Es necesario aquí prestar atención a las diferentes actitudes con las que se ha hecho cada acción.

Si un paciente afectado de una gravísima enfermedad muere en el transcurso de una operación, todos alaban al cirujano por el inmenso esfuerzo realizado para salvar la vida de ese hombre. Y puede darse el caso de que un ladrón utilice ese mismo bisturí para amenazar o agredir a un guarda de seguridad del hospital. Aunque el utensilio utilizado sea el mismo, la acción del médico no es violenta (ahimsa), mientras que la del ladrón sí lo es (himsa). Cuando hay suficientes ingredientes para hacer una comida, no tiene sentido matar un pollo con el único fin de hacer un plato más suculento. Esa acción constituye una forma de violencia.

Es nuestra actitud la que hace que una acción sea violenta o no. Todo el mal que infligimos a otro ser viviente por egoísmo, ya sea para aumentar nuestra felicidad o comodidad, es una forma de violencia. Pero el daño que, por el bien de la sociedad, pueda sufrir un ser nocivo, no puede ser calificado de violencia. Por ese motivo, a la guerra del Mahabharata se la llama también "la guerra del dharma".

Pregunta: Sri Krishna mató a Kamsa, que era su tío. ¿Cómo se puede justificar eso?

Amma: Cuando leemos libros sagrados como los Puranas, no hay que quedarse con la parte externa de sus historias. Hay que profundizar más e intentar comprender los principios en los que se sustentan. Las historias son un instrumento, como los dedos que utiliza un niño ciego para leer y escribir Braille. Sirven para que comprendamos los principios. La trama de todas esas narraciones es la atma tattva (el principio del Ser). Cuando seamos capaces de discernir ese principio fundamental, sólo entonces podremos obtener todos sus beneficios.

El fin que perseguía Sri Krishna era guiar a todos los seres hacia la dicha eterna, hacia la Auto-Realización. Pero ese estado sólo se consigue siguiendo la vía del dharma. Algunos son incapaces de discernir y experimentan aversión nada más oír la palabra dharma. Kamsa pertenecía a esa clase de individuos. Aunque le aconsejaban bien, no tenía la suficiente madurez para aceptar ningún consejo. Los que abandonan el camino del dharma jamás podrán alcanzar el conocimiento del Ser. El Señor Krishna vino a la tierra, tanto para justos como para pecadores. Su misión también incluía guiar a los pecadores hacia Dios. Hizo cuanto pudo para inculcar el sentido del dharma a los que seguían el camino incorrecto. No obstante, se emborracharon con la noción del cuerpo como el Ser, y rehusaron el camino del dharma. Al Señor no le quedó más remedio que destruir sus cuerpos, fuente de todos sus actos malvados y soporte de todos los sentidos dirigidos hacia el mundo exterior. Permitió así la destrucción de sus cuerpos, pues era la única forma de convencerles del carácter imperecedero del cuerpo y de la naturaleza eterna del Ser. Sólo aquella experiencia podía hacerles comprender que eran los herederos de la dicha eterna, que se encuentra mucho más allá del dominio de los sentidos.

Si una madre tira la ropa de su bebé porque está tan sucia que no consigue limpiarla, y le compra ropa nueva ¿puede calificarse esa acción de injusta? En el caso de que una persona adhármica amenazara la vida de otras personas y el bienestar de la sociedad, y hubieran fracasado todos los intentos, tal vez el último recurso sea liberar a esa persona de su cuerpo momentáneo. Cuando esta alma obtenga un nuevo cuerpo, es posible que comprenda entonces la grandeza del dharma y progrese por la vía correcta hacia el fin último. Cuando un banano es atacado por una enfermedad incurable y no puede ser sanado, se corta por la base del tronco para que los nuevos brotes no se contagien. La joven planta crecerá sana y dará buenos frutos.

El Señor sabía que Kamsa no se adheriría nunca al dharma en esta vida. Su mente y su cuerpo estaban totalmente inmersos en el adharma. Era necesario que el cuerpo desapareciera y obtuviera otro. Recibió la muerte de manos del Señor, sus ojos contemplaban a Krishna y su espíritu se quedó fijo en Él. De esa manera, fue purificado de todos sus pecados. De hecho, el deseo más profundo de Kamsa era morir a manos de Krishna. El Señor se limitó a satisfacer aquel deseo. Aunque aparentemente, Sri Krishna mató a Kamsa, en realidad no sucedió lo que aparece como visible. El Señor hizo que el alma de Kamsa saliera del cuerpo y creó las circunstancias adecuadas para que alcanzara el Ser Supremo. Ahogó el ego de Kamsa y elevó su alma hasta el estado supremo. Imaginad que dibujáis leones y leopardos en una pared. Si los borráis, los animales dejan de existir y no queda más que la pared. Esa pared sólo servía de soporte a esos dibujos de animales. Si queremos, podemos dibujar a continuación ciervos o conejos sobre la misma pared. ¿Acaso se ha producido, realmente, la muerte de los leones y los leopardos? Y los ciervos y conejos ¿han llegado a nacer? En realidad, sólo han cambiado algunas líneas sobre la pared y, con ellas, también han cambiado sus nombres y formas. El soporte, el muro, permanece inmutable. De forma parecida, el Señor sólo destruyó la naturaleza egoísta de Kamsa y no el Ser que habitaba en él. Eso es lo que deberíamos comprender.

Pregunta: Algunos de los actos de Krishna, por ejemplo el hurto de los vestidos de las gopis o danzar con ellas la rasa-lila, ¿no son impropios de una encarnación divina?

Amma: Los que critican al Señor por haber hurtado esas ropas, sólo pueden ser considerados unos ignorantes, pues Sri Krishna no tenía más que seis o siete años en ese episodio. Su deseo era alegrar a todos, romper con las limitaciones causadas por el orgullo y la vergüenza y hacer que sus almas despertaran al Ser Supremo. El bebé que va en brazos de su madre no piensa en su ropa. Cada uno de nosotros debería convertirse interiormente en el pequeño bebé de Dios y desarrollar una actitud de inocencia total, en la que estuviera ausente la conciencia del cuerpo. No es posible alcanzar a Dios sin abandonar los sentimientos de orgullo y de vergüenza. Sin abandonar la conciencia del cuerpo, no nos podemos elevar hasta el nivel del Ser.

En la antigüedad, las mujeres de Kerala no solían cubrirse los pechos, y a nadie le parecía extraño. Pero, ¿cómo reaccionarían ahora? Sucede igual con la forma veraniega de vestir occidental, que puede parecernos criticable aquí en la India, pero como es la forma habitual en Occidente y todos están acostumbrados, nadie la encuentra incorrecta. Incluso los hindúes a los que ahora les molesta, cambiarían de actitud si permanecieran un cierto tiempo en Occidente. Hasta es posible que alguno de ellos adoptara esa forma de vestir.

Los sentimientos de orgullo y de vergüenza son creaciones mentales. Hay que romper esas cadenas, que atan tan fuerte a la mente, para llegar a los pies de Dios.

Amma no está diciendo que todo el mundo deje de ir vestido, sino que nada debería impedirnos acordarnos constantemente de Dios. Necesitamos liberarnos de todos los apegos que alejan nuestra mente de Dios.

La rasa-lila no tuvo lugar en el plano ordinario de los sentidos, como se interpreta en nuestros días. Durante la rasa-lila, las gopis tuvieron la experiencia de la dicha divina, la que se experimenta cuando el alma individual se funde en el Ser Supremo. Gracias al amor divino que sentían las gopis, el Señor se apareció a cada una de ellas y las bendijo concediéndoles, con su poder, la visión del Ser.

La rasa-lila es un fenómeno que una mente dominada por los sentidos no puede ni siquiera imaginar. Para llegar a experimentar una ínfima parte del gozo divino que las gopis sintieron durante la rasa-lila, es preciso que la mente y los sentidos estén libres de cualquier apego hacia los objetos sensoriales.

Cada una de las gopis tenía hacia Sri Krishna la actitud propia de la amante hacia su Bienamado (madhura bhava). Esta actitud también se da en el Cristianismo. Las monjas se consideran las esposas del Señor Jesús. ¿Acaso ofenden a Cristo por ello? Más bien, representan así la relación entre el alma individual y el Ser supremo. Sólo los que lo ven todo con mirada profana, teñida por los deseos de este mundo, pueden encontrar algo que criticar.

El Señor no dejaba pasar ninguna oportunidad para guiar a toda clase de personas hacia la dicha eterna. Ante cualquier situación, se esforzaba en reavivar en ellas la llama del Ser y añadir el combustible de su amor a la luz del Ser, que brillaba en sus corazones. El Señor es el responsable de la Creación y, así mismo, el que libera el alma de la Creación. La liberación no será posible si no se trasciende la conciencia del cuerpo. Este es, precisamente, el objetivo de la encarnación de Krishna.

Pregunta: En el Gita, el Señor Krishna dice que suceda lo que suceda, no deberíamos nunca abandonar nuestro propio dharma. De ser así ¿puede alguien cambiar de profesión para realizar otra más lucrativa?

Amma: En esa época, muchos creían que la única forma de alcanzar la liberación era renunciando a todo trabajo (karma) y retirarse al bosque para vivir como un sannyasin. Para responder a esa creencia, el Señor proclamó que no era necesario renunciar a todo, sino cumplir con nuestro deber en el mundo, firmemente anclados en el dharma. El Señor expuso claramente que no se trataba de abandonar nuestras obligaciones, sino de cumplir nuestros deberes con la actitud correcta. Eso nos conducirá a la liberación.

El concepto de dharma también tiene otra dimensión. Un niño nacido en la familia de un escultor puede fácilmente llegar a ser un buen escultor, porque las circunstancias favorecen ese potencial. Es probable que el niño ya posea ese don innato, al heredarlo de su padre o de su madre, y por tanto pueda aprender en diez días lo que otro le costaría un año asimilarlo. Ciertamente, se dispone de un gran potencial para avanzar si se trabaja en el mismo oficio que ha venido desarrollando la familia. En caso contrario, se debe partir de cero. En la antigüedad, las personas desempeñaban el oficio de la familia. No iban a trabajar a la oficina ni a la fábrica. Todos los miembros participaban en esa actividad tradicional. Cuando el niño concluía su educación en la gurukula, se dedicaba a la profesión familiar. Era la profesión elegida, y no el nacimiento, la que determinaba a cuál de las cuatro castas principales pertenecía cada persona. Nadie nacía perteneciendo a una casta[18] ni a una religión en particular. Todos se consideraban hijos de Dios. Más tarde, ya en la edad adulta, las personas se distribuían entre las cuatro castas, en función de su trabajo. En aquel tiempo, un niño nacido en una familia de kshatriyas (casta de los guerreros) tenía derecho a convertirse en un brahmín (un sacerdote o un maestro que enseñaba los Vedas) y un hijo de una casta brahmín podía convertirse en un kshatriyas. El que trabajaba la madera era considerado carpintero, aunque hubiera nacido y se hubiera criado como brahmín. La degeneración de las reglas del Sanatana Dharma (la religión eterna, nombre tradicional del Hinduismo) hizo que el nacimiento de una persona determinara su casta de pertenencia. En otros tiempos, las personas no trabajaban únicamente para ganarse la vida. Todos consideraban que la Auto-Realización constituía la meta de la vida, mientras que el trabajo era un medio para alcanzar ese estado. En la perfección de la tarea realizada se saboreaba la experiencia de Dios. Cuando los seres humanos trabajan únicamente para obtener beneficios económicos, se quiebra la armonía social y aparece, en su lugar, el egoísmo y la codicia.

---

[18] Las cuatro castras principales: los brahmines (los sacerdotes y los que enseñan los Vedas), los kshatriyas (los guerreros), los vaishyas (los comerciantes) y los sudras (los trabajadores).

En aquella época, no existía la costumbre de pagar un salario fijo por contrato. Los trabajadores recibían lo que necesitaban y se sentían contentos. Reinaba un ambiente de amor mutuo entre los obreros y los patronos. Los que pagaban y los que recibían estaban plenamente satisfechos. Aquella tradición fue desapareciendo a medida que iba en aumento el egoísmo. Los patronos empezaron a pensar en "cómo aumentar el trabajo y disminuir los salarios", mientras que a los empleados sólo les preocupaba "cómo aumentar los salarios y disminuir el trabajo".

Cuando vamos al templo, se supone que no tendríamos que contar el dinero que ofrecemos a la divinidad, pues debería darse con generosidad. Sin embargo, en nuestros días, muchos guardan las monedas pequeñas para entregarlas en el templo, y con la idea de dejar tan sólo unas cuantas rupias.

Actualmente, una gran mayoría anhela que sus hijos lleguen a ser ingenieros o médicos para que gocen de respeto social y ganen mucho dinero. Son muy pocos los padres que se preocupan por las aptitudes reales de sus hijos. El espíritu competitivo en la educación puede ser bueno para que los niños progresen y desarrollen sus aptitudes, pero la competencia actual está generando una gran tensión entre los estudiantes. Cuando fracasan, pierden toda su fuerza mental y se hunden en la desesperación por no alcanzar sus objetivos. Esa misma desesperación puede impulsar a muchos al suicidio, lo que nunca debería producirse. Tanto la educación como la búsqueda de un empleo, no debería tener otro fin que nuestro desarrollo espiritual y el servicio al mundo. Si actuáramos así, gozaríamos del entusiasmo necesario para progresar en cualquier campo profesional. Y si fracasáramos, el fin que perseguimos nos incitaría a intentarlo de nuevo, sin sucumbir a la desesperación ni arruinar nuestra vida.

Una vez elegida una profesión, hay que esforzarse por conseguir la mayor maestría posible en ese campo. La meta de la vida no es hacerse millonario, sino saborear la dicha eterna. No obstante, una persona casada tiene el deber de atender las necesidades de su familia. Cuando aceptemos una remuneración por nuestro trabajo, nuestra única pretensión debería ser la de ganar para conseguir aquello que necesitamos. Las gentes de otros tiempos trabajaban duro, guardaban el salario que necesitaban para ellos o su familia y distribuían el resto entre los pobres. La profesión de gerente es, en la actualidad, una de las más codiciadas. El comercio es indispensable para el desarrollo económico de un país, pero el enriquecimiento personal no debería ser el único objetivo de los comerciantes. También tendrían que preocuparse por el desarrollo del país. Sin embargo, vemos a muchos comerciantes e industriales que amasan grandes fortunas, ¡suficientes para mil generaciones futuras! Y, al mismo tiempo, vemos alrededor de ellos a muchísimas personas hundidas en la miseria que luchan por sobrevivir, sin apenas poder hacer una comida al día. Casi nadie piensa en ellas. Tan sólo se desea obtener el máximo provecho posible, incluso a costa del prójimo.

Cuando dejáis una profesión para elegir otra, es porque no estáis satisfechos con vuestro trabajo. Pero no siempre obtendréis satisfacción con el cambio, pues depende de vuestra actitud mental, y no de nuestros actos o de las circunstancias. Si alguien cambia de profesión por el deseo de obtener abundantes ganancias, lo hace movido por la codicia. Esas personas nunca se conformarán, a menos que cambien de actitud. En cambio, los que dominan su mente consiguen que toda situación les resulte favorable. Se sentirán siempre contentos en cualquier actividad que desarrollen.

Cuando dejamos una profesión para ejercer otra, lo más probable es que nos sintamos satisfechos durante un tiempo, pero esa satisfacción no durará demasiado. Una serpiente tendida en la nieve, paralizada por el frío, parece inofensiva. Sin embargo, basta con un poco de calor para que muestre su verdadera naturaleza, para que se ponga a silbar y a morder. Sucede igual con la mente, os mostrará su verdadera naturaleza tan pronto como las circunstancias se lo permitan, y hará que perdáis vuestra paz interior. No lograremos controlar la mente mimándola o dándole todo lo que pide, sino dirigiéndola hacia el fin verdadero de la vida. De esa manera aconsejó el Señor a Arjuna. Le dijo que permaneciera firme en el cumplimiento de su deber si deseaba tener éxito en la vida. Cada uno goza de libertad para cambiar de profesión o hacer el trabajo que más le guste, pero es necesario que cambie su actitud. Hasta la lucha en el campo de batalla puede convertirse en una ofrenda sagrada (yagna). Esa es la enseñanza de Sri Krishna. Él no nos incita a abandonar nuestro trabajo por un motivo egoísta, ni nos aconseja que abramos nuestro tercer ojo cerrando los otros dos. Por medio de su ejemplo, nos enseña a mirarlo todo con el tercer ojo, pero manteniendo abiertos los otros dos. En otras palabras, Sri Krishna nos enseña a afrontar la vida observando la unidad que subyace en todas las cosas.

Pregunta: Sri Krishna se comprometió a no tomar las armas durante la batalla. Sin embargo, sí lo hizo. ¿No fue un acto incorrecto?

Amma: Todas las palabras y acciones de Sri Krishna fueron por el bien de los demás, y no por su propio bien. ¿Cómo iba a emplear sus armas contra Arjuna y Bhishma, que eran devotos suyos, aunque combatieran en campos opuestos? Por eso, se negó a combatir. Cuando Bhishma le disparó millares de flechas, se contentó con sonreír. Estas flechas aceradas hirieron todo su cuerpo, pero las recibió como si fueran pétalos de flores ofrecidos en adoración. Bhishma era un devoto, un gran guerrero, un hombre que siempre decía la verdad. Había jurado que obligaría al Señor a utilizar su arma; pero, al ver que no lograba quebrantar la determinación de Sri Krishna, Bhishma se puso a disparar las flechas sobre Arjuna, que estaba detrás mismo del Señor. Arjuna era vulnerable, incapaz de defenderse frente a esta lluvia de flechas. Su carro iba a ser destruido y se encontraba en grave peligro. Sin perder un instante, el Señor saltó del carro y se lanzó sobre Bhishma blandiendo el sudarshana chakra (el disco divino). Al actuar así, el Señor rompió su promesa, pero satisfizo el voto de Bhishma y protegió a Arjuna. De esa manera, satisfizo a los dos devotos a la vez. A Arjuna tenía que asegurarle su protección, pues era su devoto. A Bhishma, que también adoraba al Señor, tenía que protegerle su honor y hacer que se cumplieran sus palabras. Para conseguirlo, llegó a sacrificar su propia reputación como encarnación de la verdad, lo que muestra su incomparable compasión.

El flujo de la gracia de Dios hacia el devoto no depende del dharma o del adharma, no está regido por las leyes de causa-efecto. Ninguna regla limita la gracia de Dios. Por eso los sabios alaban a Dios como el Océano de la compasión espontánea, inmotivada, sin causa.

Pregunta: ¿Cuál es la importancia de Rama y de Krishna en esta época científica?

Amma: Todos celebran con entusiasmo los avances de la ciencia. Es cierto que los descubrimientos científicos han contribuido considerablemente al progreso de la humanidad. Nos han permitido obtener más comodidad material y bienestar. Hoy resulta mucho más fácil desplazarse. En cuestión de horas, se cubren distancias que antes requerían muchos días de viaje. Ese tiempo que se gana puede ser empleado en otras actividades. Con un ordenador se puede hacer el trabajo que antes ocupaba a cien personas. Hemos conseguido grandes avances en el plano material pero, al mismo tiempo, se ha debilitado la mente. Entre los que disfrutan de todos esos progresos técnicos, ¿cuántos logran dormir apaciblemente? Amma conoce a muchas personas que viven en casas climatizadas y que, sin embargo, no pueden dormir sin somníferos. Es una prueba de que no basta con el progreso científico para conseguir la paz interior. Ved cuantos millonarios se suicidan. No se suicidarían si disfrutasen de paz interior, pues lo poseen todo en el plano material. Aunque hay muchas personas satisfechas materialmente, carecen de lo que realmente necesitan: de paz y felicidad.

En otros tiempos, no existían lujos como la climatización y, sin embargo, no había problemas de insomnio. Los que se acostumbran a los ventiladores y al aire acondicionado no pueden pasar sin ellos. Cuando falla la electricidad y los aparatos no funcionan, no pueden conciliar el sueño. Las células de los que se pasan la vida en habitaciones climatizadas, sin respirar aire fresco, apenas se renuevan en esa atmósfera que destruye el poder natural del cuerpo. Algunos están tan habituados a tomar té cada mañana que, si no lo hacen, les empieza a doler la cabeza. A través de la mente, hemos adoptado muchos malos hábitos. El cuerpo y la mente que eran fuertes, cuando vivíamos en armonía con la naturaleza, se han debilitado. Antiguamente, se vivía en perfecta armonía con la naturaleza y apenas nos afectaban los cambios climáticos o los cambios que se producían en la naturaleza. Pero hoy son muchos los que viven de espaldas al entorno natural, en mundos separados y artificiales, de forma egocéntrica. No se dan cuenta de que su búsqueda constante de placeres efímeros los hunde en un sufrimiento sin fin.

Nuestros ancestros vivían satisfechos y alegres, mucho más que nosotros. Tenían mejor salud y vivían más tiempo. Las inmensas y magníficas estructuras de piedra, como por ejemplo las torres de los templos, testimonian, todavía hoy, la fuerza física que tenían. ¿Tienen los humanos actuales suficiente fuerza para levantar una sola de estas piedras? Aunque no disponían de muchas máquinas, las gentes sabían cómo vivir en armonía con la naturaleza.

La ciencia estaba destinada a aumentar la comodidad material y ayudar a las personas, pero se ha convertido en un tañido fúnebre de la humanidad. En las manos de seres egoístas, la tecnología se utiliza para explotar a los demás. En lugar de amor y paz, florece la competencia y la violencia en el mundo. Para que los éxitos de la ciencia beneficien a todos, es necesario que las personas aprendan a amar, a mostrar compasión y a desarrollar nobles cualidades. Actualmente, cualquier descubrimiento científico fomenta la arrogancia de la gente. A veces, se oyen frases de este tipo: "¿Quién se ha creído que es para discutir con nosotros? ¡Observad cuántas proezas científicas ha logrado nuestro país¡ Esta suele ser la actitud que adoptan casi todos los gobernantes. Cada día aumenta el número de conflictos entre los individuos y las naciones. Es como si los seres humanos desearan alejarse, cada vez más, de las orillas del amor para sumergirse en las aguas tumultuosas de la arrogancia.

Amma no critica en absoluto los descubrimientos científicos ni los menosprecia, pero no deberían secar nuestra fuente interna del amor. Hemos mejorado el mundo exterior, pero se está debilitando el mundo interior. En otros tiempos, se formaba mejor a las personas para que controlaran su mente ante cualquier circunstancia. De esa manera, no tenían que enfrentarse a la vida debilitados por cosas insignificantes. Por muchos conocimientos que tengáis, no sobreviviréis si caéis en una corriente de agua y no sabéis nadar. Tampoco saborearéis la paz interior, si no habéis entrenado vuestra mente, aunque disfrutéis de todas las comodidades materiales posibles. En el futuro, los seres humanos serán más débiles si no logran encontrar la paz que reside en ellos mismos, ya que cada vez habrán menos seres capaces de amarlos desinteresadamente. Los que mantienen la paz interior en todas las circunstancias son seres valientes, cuya felicidad no depende de otras personas, ni de objetos materiales. Eso es lo que nos enseñan Sri Rama, Sri Krishna y otras encarnaciones divinas.

Al principio, el Señor Rama era querido por sus parientes, sus maestros y los habitantes de su país. Vivía rodeado de un gran esplendor real cuando, de repente, un día se vio obligado a exiliarse en el bosque. Allí carecía de todos los placeres palaciegos, se quedó sin sus deliciosos manjares, sin sábanas de seda para dormir y tampoco contaba con algún sirviente que lo abanicara. Y, sin embargo, vivió en el bosque gozando de la misma paz interior que tiempo atrás. Entre el bosque y su reino, no había ninguna diferencia en su mente, en perfecta armonía con la naturaleza. Al Señor Rama no le resultó difícil adaptarse cuando cambiaron las circunstancias, pues poseía un dominio absoluto de su mente. Como se trataba de un atmarama (el que se deleita en el Ser), encontró la felicidad en su interior.

Esta misma cualidad también la vemos en la vida de los Pandavas. Vivían de acuerdo con los consejos de Sri Krishna. No se pelearon ni una sola vez y, hasta en los momentos más difíciles, mantuvieron la unidad y el amor fraternal que los unía.

Sin embargo, hoy, cuando tres personas viven bajo un mismo techo, se comportan como si vivieran en tres planetas distintos. No hay un verdadero vínculo entre ellas, ni mantienen unidos sus corazones. Hasta este extremo ha llegado el egoísmo de las personas. En esas circunstancias, es necesario tener una mente fuerte pues, en caso contrario, irá en aumento el porcentaje de enfermedades mentales y de suicidios.

Hubo un tiempo en el que las personas estaban unidas por el vínculo del amor. Pero, en nuestros días, se apegan los unos a los otros al frágil vínculo del egoísmo, que se puede romper en cualquier instante y dejarlos sin nada que los vuelva a unir.

Estamos inmersos en una cultura que favorece los pensamientos y las emociones impuras. Las personas sólo se interesan por satisfacer sus sentidos. Todos sus esfuerzos se orientan hacia ese fin y, para conseguirlo, necesitan mucho dinero. No les importa recurrir a la corrupción para enriquecerse y, mientras tanto, la delincuencia y la violencia van en aumento. En este mundo de placeres sensoriales efímeros, apenas queda espacio para los sentimientos fraternales o para el amor maternal. La agitación se expande por la sociedad haciendo peligrar la seguridad de todos los países y destruyendo la armonía natural. En una época como la nuestra, la vida y las enseñanzas de Sri Krishna son más necesarias que nunca. ¿Qué aprendemos a través de sus enseñanzas? Gracias a ellas comprendemos que los placeres sensoriales y las satisfacciones egoístas, no nos aportarán jamás la felicidad, ni nos permitirán hallar la dicha autentica y eterna en ninguna parte, salvo en nosotros mismos. Eso es lo que Krishna nos enseña incansablemente. Sin embargo, no niega completamente los placeres de los sentidos. Se limita a recordarnos que la vida tiene otro sentido, otro fin. Se trata de evitar todo exceso. No deberíamos comer más que lo necesario para aplacar el hambre. Los especialistas en nutrición sugieren que para mantener una buena salud, sólo hay que llenar la mitad del estómago de comida, una cuarta parte con agua y la cuarta parte restante debe permanecer vacía. La ciencia de la espiritualidad también nos explica cómo conservar nuestra salud mental. No se trata de abstenerse de todo placer sensual, sino de vigilar para que nunca seamos esclavos de nuestros sentidos, ni de nuestros hábitos mentales. Debemos dominar nuestra mente y nuestros sentidos. Cuando disfrutemos, es importante que mantengamos un cierto grado de renuncia. El chocolate es dulce, pero su exceso no nos beneficia y puede causarnos alguna enfermedad. Tenemos que mantener ciertas restricciones, incluso cuando nos sintamos muy indulgentes. Hay un límite en todas las cosas y es por nuestro bien. El auto control nunca coarta la libertad. ¿Qué ocurriría si las personas condujeran a su antojo por la carretera, aduciendo que las normas de la circulación coartan su libertad? Las normas de circulación son esenciales para la seguridad de todos. También para saborear la felicidad y la satisfacción duraderas, es necesario observar ciertas normas espirituales

Si analizamos la situación del mundo actual desde cualquier ángulo, comprobaremos que sólo se podrán producir cambios fundamentales cuando pongamos en práctica los principios espirituales en nuestra vida cotidiana. Nuestro intelecto se ha desarrollado, pero nuestro corazón se ha secado. La vida del Señor Krishna nos ofrece un ejemplo ideal a seguir para escapar de nuestra condición presente, para calmar nuestro corazón y mente en llamas, y reparar el hilo conductor del amor.

El Señor Krishna considera tanto el aspecto material como el espiritual de la vida. No nos pide que renunciemos a uno para consagrarnos al otro. Cuando la planta está preparada para dar sus frutos, las flores caen por sí mismas. Así, a medida que crece nuestra conciencia de la meta de la vida, caen, de forma natural, nuestros apegos por los placeres materiales. Es más importante desarrollar una actitud justa hacia los placeres que deshacerse de ellos. Habrá armonía en la sociedad cuando los aspectos material y espiritual de la vida estén en equilibrio, igual que las dos alas de un pájaro.

Sri Krishna dio instrucciones específicas a toda clase de personas, ya fueran sannyasines, brahmachâris, padres de familia, soldados, reyes o seres muy materialistas. Enseñó al mundo cómo se puede alcanzar la realización, con independencia del lugar de origen o de las condiciones de vida de cada persona. Por eso se le considera un Purnavatar, una encarnación completa de la Divinidad. Él no vino sólo para favorecer a los sannyasines. Su vida es un ejemplo perfecto de cómo permanecer en medio del fuego mundano sin verse afectado. Es como mantener una pastilla de chocolate sobre la lengua sin salivar.

No es difícil abandonar las responsabilidades y retirarse al bosque para permanecer sentado con los ojos cerrados. En el bosque, apenas encontraremos adversarios que nos creen dificultades. El Señor no nos enseña a escapar de este mundo lleno de sufrimiento. Nos muestra cómo triunfar mientras vivimos rodeados de obstáculos. El Señor no nos aconseja que rompamos todas nuestras relaciones para alcanzar la Auto-Realización. Nos explica que tendríamos que liberarnos de todo apego, mientras mantenemos relaciones afectivas y asumimos nuestras responsabilidades familiares.

La ciencia de la espiritualidad nos enseña a afrontar todas las situaciones con una sonrisa. Un yogui auténtico mantiene su paz mental en medio de cualquier crisis. Los que anhelan alcanzar ese estado, no tienen más que observar la vida de Sri Krishna, el modelo perfecto.

La llama de un farol arde de forma estable al estar protegida del viento por un cristal. No tiene, pues, nada de extraordinario. Una persona auténticamente espiritual debería ser como una llama al aire libre, tan resplandeciente como el sol y brillar continuamente, incluso en medio de una gran tormenta. Si queremos alcanzar ese estado, el Señor Krishna tendría que convertirse en nuestro modelo. Nos enseña cómo armonizar los dos aspectos de la mente, el espiritual y el material, y avanzar hacia la perfección.

La liberación que nos promete el Señor no es algo que se alcance después de la muerte; se alcanza aquí, en este mundo, mientras permanecemos en el cuerpo. Durante su vida, Sri Krishna tuvo que afrontar diferentes crisis que fueron surgiendo una tras otra, como olas de mar. Y, sin embargo, ninguna nube ensombreció la expresión de su rostro. Aceptó todas las situaciones difíciles con una sonrisa.

Para el Ser Supremo, Sri Krishna, la vida fue un cautivador canto de alegría de principio a fin. En su presencia, la persona más abrumada por la tristeza sentía el gozo divino. Al igual que las tinieblas no encuentran lugar bajo el sol, tampoco había lugar para la tristeza en presencia de Sri Krishna. Era la encarnación de la Dicha Divina. Todos estaban alegres en su compañía, olvidándose de todo lo demás. En su presencia, degustaban el gozo del Ser. Aún hoy, a pesar del tiempo transcurrido, ¿no nos llenamos de dicha al pensar en Él?

Los hay que critican el juego divino de Krishna porque todavía mantienen sus mentes apegadas a los sentidos. Los intentos por medir la gloria infinita del Señor con nuestra mente limitada, se parecen a los intentos de una rana de charca por medir la inmensidad del océano

Si somos capaces de desechar nuestras dudas, nuestra forma crítica de ver las cosas, y observamos con espíritu abierto y amor la vida de Sri Krishna —una vida llena de dulzura, de principio a fin–, descubriremos que no hay ningún episodio rechazable, que cada momento de su vida merece ser acogido en nuestro corazón. Cuando el ojo interior del amor divino se abra, podremos disfrutar de un triunfo total y de una perfecta paz, tanto en esta vida como más allá de ella.

Mujeres y Sociedad

Pregunta: ¿Cuál debería ser el papel y la posición de la mujer en la sociedad?

Amma: Las mujeres deberían tener la misma posición que los hombres y participar de forma igual en el gobierno de la sociedad. Cuando disminuye la posición de la mujer, se pierde la armonía social. Hombres y mujeres ocupan un mismo lugar en la Creación de Dios. Al igual que una mitad del cuerpo es tan indispensable como la otra, el hombre y la mujer tienen la misma importancia. Una mitad no puede pretender ser superior a la otra. Cuando se dice que la mujer es el lado izquierdo del hombre, también hay que decir que el hombre es el lado derecho de la mujer. La diferencia entre hombres y mujeres se sitúa esencialmente en el plano físico.

Igual que los hombres, las mujeres desempeñan en la sociedad un papel que les es propio. Cada persona ha de saber cuál es su papel y obrar de acuerdo con él. Cuando las mujeres intentan adueñarse del papel del hombre o cuando los hombres quieren controlar por la fuerza el papel de la mujer, se genera un clima de descontento y ausencia de paz entre los individuos, que repercute en la misma sociedad.

Los neumáticos de la derecha y de la izquierda de un coche tienen la misma importancia. Para que los viajeros lleguen a su destino, es necesario que las ruedas de ambos lados avancen simultáneamente. Sucede igual en la vida familiar, únicamente cuando el marido y la mujer vivan en armonía, podrán alcanzar la auténtica meta, la unión con el Ser.

En la cultura de la antigua India, las mujeres eran muy respetadas. Matrudevo bhava (considerar a la madre, a la mujer, como divina), era el ideal que la antigua India transmitió al mundo. Nuestra cultura enseña a los hombres a ver a todas las mujeres como si fueran su madre. Antes de nacer, todo hombre pasa nueve meses en el seno materno. Así, de una forma natural, todo hombre sensible tratará con respeto a su propia madre. Todas las mujeres deberían ser tratadas con ese mismo respeto.

La mujer constituye la base de la familia. Como mujer, está especialmente dotada de cualidades como el amor, el perdón y la humildad. En este sentido, puede desempeñar un papel más importante que el hombre en el mantenimiento de la paz, la armonía y la prosperidad en el seno familiar. Estas cualidades femeninas sostienen a la familia unida. Lo masculino encarna el poder de la voluntad. Pero no basta con la voluntad para que se dé una relación armoniosa entre los miembros de la familia. Todos tendrían que cultivar el amor, la paciencia, la humildad y una actitud de perdón hacia los demás. Los conflictos surgen en el seno familiar, ya sea porque la mujer intenta adoptar un temperamento masculino o porque el hombre se esfuerza en imponer su ego a la mujer.

La India es el país de la renuncia, no de la satisfacción de los sentidos. Nuestros ancestros buscaron y encontraron la fuente de la dicha eterna. No cayeron en el error actual de malgastar la vida y la salud persiguiendo placeres efímeros. La posición que ocupaba una persona en la sociedad venía determinada por sus actos, sus cualidades y su dharma. El fin que perseguían era la Auto-Realización. La gente era plenamente consciente de esa meta y del camino que conduce a ella. Eso les aportaba contentamiento interior, felicidad. Pero, más tarde, los que no se sentían satisfechos intentaron apoderarse de las posiciones ocupadas por otros. El conflicto nace del descontento interior. El orden social que reinaba en la India permitía que cada uno encontrara la felicidad perfecta y la Auto-Realización. En esa época, no había necesidad de debatir sobre la igualdad entre hombres y mujeres, ni sobre el lugar de las mujeres en la sociedad.

El verdadero puesto de una mujer en la sociedad no está en la última fila. Su lugar, al igual que el de los hombres, está en la primera fila para avanzar juntos. Lo importante es preguntarse si, hoy en día, se le concede o no ese lugar.

Pregunta: ¿No afirma Manu[19] que el padre de una mujer debe protegerla durante la infancia, su esposo durante su juventud y sus hijos cuando es anciana; lo que equivale a decir que no está preparada para ser independiente?

Amma: El sentido real de este texto es que la mujer merece ser protegida, no que se le niegue la libertad. Manu señala que los hombres tienen la responsabilidad de proteger a las mujeres ante cualquier circunstancia. Eso demuestra que las mujeres tenían una posición elevada en la sociedad. Una mujer no necesita que nadie le conceda la libertad. Tiene derecho, por nacimiento, a gozar de la misma libertad que cualquier hombre. Pero lo que Manu dice es que los hombres tienen que asegurar su protección. Una cultura que niega a la mujer su libertad está cavando su propia destrucción.

Cuando Amma oye criticar esta enseñanza de Manu, piensa en la policía que vela por la seguridad de los ministros cuando se desplazan. ¿Acaso no son libres los ministros porque gocen de esa protección? Poseen una libertad total y pueden viajar adonde quieran. Así, nuestra sociedad también concedía a las mujeres una libertad total, pero les incumbía a los hombres la responsabilidad de asegurar su protección y su seguridad. La sociedad hindú

---

[19] Ver glosario.

concedía esta posición honorable a la mujer porque ella actúa como la luz que guía a la familia y, en definitiva, a toda la sociedad.

Pregunta: ¿Cuál es la opinión de Amma respecto al debate actual sobre la igualdad entre hombres y mujeres?

Amma: Más que de igualdad, deberíamos hablar de la unidad entre hombres y mujeres. Es difícil que hombres y mujeres alcancen la igualdad en el plano físico. Si examináis el ámbito de la mente, existe un cierto grado de masculinidad en las mujeres y un elemento femenino en los hombres. Las mujeres no deberían imitar ciegamente a los hombres. Cuando los imitan dedicándose al juego, a la bebida o fumando, están cavando la tumba de la feminidad. En su lugar, deberían desarrollar el elemento masculino que hay en ellas, y los hombres el aspecto maternal. Esa es la perfección. Si hombres y mujeres hacen crecer en ellos estos aspectos opuestos, avanzarán juntos hacia la plenitud y la perfección.

Las sociedades materialistas consideran que la relación entre un hombre y una mujer está limitada esencialmente al plano físico, pero la cultura de la India nos ha enseñado a considerarla como un vínculo en el plano espiritual.

Bajo el pretexto de liberar a la mujer casada, lo que muchos desean actualmente es liberarlas de su responsabilidad familiar. Pero una libertad sin límites, sin ninguna responsabilidad, no hace más que alimentar el deseo por el goce material. ¿Cómo va a haber paz y armonía en una familia en la que reina un espíritu de competición entre los cónyuges? En cambio, cuando un hombre y una mujer avanzan juntos, con amor y comprensión mutua, dispuestos a adaptarse a las necesidades del otro, lo que nace entre ellos no es igualdad, sino unión – la unión de Shiva y Shakti. Ese es un mundo lleno de felicidad. Al olvidarse de todas las diferencias, el hombre y la mujer se transforman en una unidad. Cada cónyuge compensa las insuficiencias del otro. Por medio del amor, se superan los enfados; y merced a la tolerancia, se aceptan las debilidades. De ese modo, ambos gozan de verdadera libertad. Todos necesitan esta mezcla de cualidades masculinas y femeninas. El poder femenino complementa al hombre, mientras que el poder masculino complementa a la mujer. En una relación, cada uno necesita el apoyo, el ánimo y la inspiración que el otro le aporta. Lejos de constituir una carga el uno para el otro, se sustentan y se protegen mutuamente. Para alcanzar este ideal, es preciso que comprendamos la espiritualidad. La espiritualidad nos ayuda a olvidar los conflictos externos y a concienciarnos de nuestra unión interior, de la esencia del Ser.

Pregunta: Se dice que las mujeres no tenían derecho a la igualdad social en la India. ¿No estaban condenadas las mujeres hindúes a permanecer confinadas en sus hogares?

Amma: En muchos aspectos, la historia de la India es diferente de la de otros países. La civilización hindú es una de las más antiguas. Las mujeres ocupaban una posición honorable en la sociedad. Cuando se celebraban los ritos védicos, el hombre y la mujer gozaban de iguales derechos para llevarlos a cabo. La mujer podía elegir una profesión al igual que el hombre. Mujeres, como Maitreyi y Gargi, formaban parte de la asamblea de eruditos y eran respetadas. En esa época, existían en la India mujeres soldados. Cuando analizamos el Ramayana, vemos que algunas mujeres, como Sumitra, Tara y Mandodari, dan consejos sobre el dharma, ya que las mujeres representaban una fuerza decisiva. ¿Cómo se puede afirmar que esa civilización negaba la libertad de la mujer?

Es cierto que la India ha recibido, a veces, la influencia de otras culturas extranjeras. Resulta evidente cuando estudiamos con atención la historia de la India. Durante siglos, la India ha sido obligada a vivir bajo el dominio de otros países. Los extranjeros que gobernaban la India consideraban a la mujer como un simple objeto de placer. Para evitar cualquier acoso, las mujeres fueron obligadas, a menudo, a permanecer encerradas en sus casas. Gradualmente, se fueron introduciendo elementos de decadencia en nuestra cultura, lo que supuso importantes estragos en la gran cultura que, antaño, había florecido en la India.

Mientras que la India tradicional se interesaba por la alegría y la inmortalidad de la renuncia, los dirigentes que ocupaban el país consideraban los placeres y la satisfacción de los sentidos como la meta de la vida. ¿Cómo iba a reinar la armonía entre personas que tenían puntos de vista tan dispares? Con la llegada de los occidentales, también cambió el sistema educativo de la India. Desapareció la educación en las gurukulas y se reorientó la finalidad de la educación; ya no se trataba de llegar a ser autónomo, sino dependiente de los demás. Las enseñanzas referidas al dharma, como la que aconseja: "Matru devo bhava, pitru devo bhava, acharya devo bhava" (Considera a tu madre como divina, a tu padre como divino y a tu maestro como divino) no se volvieron a impartir en las escuelas. El egoísmo y la competencia reemplazaron a la verdad y la renuncia. Las mujeres que, al principio, se habían refugiado en sus hogares para evitar a los conquistadores extranjeros, se veían ahora obligadas a encerrarse por una generación de hombres dominados por el egoísmo. Estas nuevas generaciones deformaron los códigos morales y las reglas dictadas por las Escrituras para adaptarlas a sus propios intereses egoístas. Nuestra sociedad sufre, todavía hoy, las consecuencias. La experiencia negativa a la que se han visto sometidas las mujeres hindúes, procede, en buena medida, de la influencia de otras culturas. Obligar a una mujer a sufrir no forma parte de la cultura hindú; eso procede de otra cultura, de una cultura demoníaca (de rakshasa). Acordémonos de cómo las lágrimas de Sita redujeron Lanka a cenizas[20].

Pregunta: Cuando Amma dice que la plenitud se alcanza gracias a la unidad entre lo masculino y lo femenino, ¿significa que no se puede lograr por medio de la brahmacharya (celibato)?

Amma: Cuando Amma habla de la unión entre el hombre y la mujer, no se refiere a una unión a nivel físico. Lo que hace que alguien sea mujer u hombre es el elemento femenino o masculino predominante en esa persona. Las mujeres y los hombres contienen ambos elementos. Cuando predomina la naturaleza masculina en una mujer decimos que se parece a un hombre, aunque sea una mujer. Lo mismo sucede en el caso de un hombre en el que predomine lo femenino, decimos que se parece a una mujer. Para afirmarlo, no nos basamos, evidentemente, sólo en su aspecto físico.

La mujer no es consciente de la masculinidad que hay en ella y la busca en el exterior, en el hombre. De igual manera, el hombre no es consciente de sus cualidades para saber perdonar o mostrar compasión y afecto, que están ocultas en él. Cree que sólo se encuentran en la mujer. Tanto hombres como mujeres deberían despertar las fuerzas y capacidades complementarias que llevan dentro. La plenitud es la unión de los elementos masculinos y femeninos en nosotros. Eso es lo que simboliza el ardhanarisvara (Representación de Shiva en la que una mitad del cuerpo es

---

[20] Se trata de una referencia a la epopeya antigua del Ramayana, escrita por el sabio Valmiki. Sita era la esposa del Señor Rama, una encarnación divina. Fueron obligados a exilarse al bosque donde el demonio Ravana raptó a Sita, y la llevó a Lanka. Rama salió en su rescate. Fue el gran devoto de Rama, el dios mono Hanuman, quien la encontró en Lanka. Después de haber visto a Sita, Hanuman redujo una parte de la ciudad a cenizas. Al final de la epopeya, Rama mata a Ravana y Sita es liberada.

femenina y la otra masculina). Sólo a través de esa unión interior podremos sentir la experiencia de la dicha divina.

El fin de la brahmacharya es que seamos conscientes de que lo femenino y lo masculino están contenidos en nosotros, y que la naturaleza de nuestro Ser real trasciende cualquier dualidad. No es posible descubrirlo sin una práctica espiritual constante. Pero, hoy en día, no se tiene la paciencia necesaria para dicha práctica. Al observar el mundo exterior como real, la gente corre tras el espejismo de los placeres sensoriales, pereciendo en esa persecución.

Pregunta: ¿Qué opina Amma sobre la formación superior de la mujer?

Amma: Las mujeres deberían tener el mismo nivel de educación que los hombres y buscar trabajo si es necesario. Una buena educación es la fuente de la justicia social y de una noble cultura.

La mujer que llegue a ser autónoma, gracias a la educación recibida, podrá animar, alentar y aconsejar a su compañero, como una verdadera sahadharmini (la esposa que acompaña a su marido paso a paso por la vía del dharma).

La causa principal por la que muchas mujeres se ven, hoy en día, sometidas al sufrimiento, tanto en la familia como en la sociedad, es por su falta de autonomía financiera. Si consiguieran puestos de trabajo que les aseguraran unos ingresos, eso pondría fin a su dependencia económica. La gente tiene una visión completamente materialista de la vida, ya sea por la influencia de la sociedad actual o por su desconocimiento general en temas espirituales. Dan mucha más importancia a las cuestiones materiales, como la prosperidad económica, que a la unidad espiritual de lo masculino y lo femenino. Este cambio de actitud está generando, en buena medida, el incremento del número de divorcios. Es ahora cuando las mujeres deben establecer las bases de su independencia y seguridad económica; de lo contrario, y en las circunstancias actuales, carentes de una educación avanzada y de una autonomía financiera, serán incapaces de cubrir sus necesidades cuando resulte necesario.

Los vínculos familiares no son muy fuertes en Occidente. A la larga, la costumbre occidental de abandonar a la esposa para irse con otra mujer, no será considerada incorrecta en la India. Además de tener que hacerse cargo de sus propias necesidades, las mujeres también tendrán que asumir buena parte de la educación de sus hijos. Sufrirán 6muchas penalidades si no encuentran una fuente estable de ingresos, y para eso es conveniente poseer una formación superior.

Pregunta: Pero las mujeres de la antigüedad no estaban interesadas en recibir una educación superior.

Amma: Las circunstancias actuales son totalmente diferentes a las de entonces. En aquella época, no había tantas necesidades. No hacía falta que el marido y la mujer ganaran dinero. Además, el fin de la educación no consistía en ganar dinero. Se trataba de formar a la persona para que alcanzara el estado supremo, despertando su verdadero Ser. Las mujeres adquirían este conocimiento durante la infancia. La joven casada se convertía en la mujer de la casa y se la consideraba la fuente de toda la riqueza y prosperidad de la familia. Sólo trabajaba el marido para atender las necesidades de la casa. En ese contexto, la mujer no tenía el sentimiento de que su esposo limitara su libertad o que la considerara su esclava. Tampoco el marido tenía la impresión de que la mujer gobernara la familia. Estaban unidos por el amor, no por el egoísmo. En aquella época, la mujer aceptaba como un deber dirigir a la familia, servir a su marido y familiares y cuidar a los niños. El marido, en cambio, consideraba la seguridad y el bienestar de su mujer como si formaran parte de su propia felicidad. En una familia así no cabe conflicto alguno, todos sus miembros se sienten colmados de paz. Nuestra paz procede de las nobles cualidades que rigen nuestra vida y no de la riqueza, la consideración profesional o la posición social. En aquel tiempo, las mujeres no sentían la necesidad de acceder a una educación superior o de ejercer una profesión para mejorar los ingresos familiares.

Pregunta: En la sociedad actual, en la que los dos cónyuges trabajan, ¿cómo pueden atender adecuadamente a sus hijos?

Amma: Cuando los padres comprendan la importancia de dedicar tiempo a sus hijos, conseguirán encontrarlo, sin ninguna duda. ¿Acaso no dejan todas sus tareas si alguno de sus hijos se pone enfermo?

Las mujeres deben ser cuidadosas desde el inicio de su embarazo. Una mujer encinta ha de evitar toda situación que le provoque tensión, porque cualquier agitación durante el embarazo perjudica la salud del niño. Así, una mujer embarazada debe procurar ser feliz, hacer práctica espiritual, visitar ashrams y dejarse aconsejar por maestros espirituales.

Las madres tendrían que comprender la importancia de la leche materna para alimentar a su bebé. La leche materna es la leche del amor, pues está constituida por el amor de la madre hacia su bebé. Contiene también numerosos elementos nutritivos fáciles de digerir. Es ideal para la salud del bebé y para reforzar el poder de su memoria. Nada es mejor que la leche materna.

Cuando el niño tenga capacidad para recordar, los padres deben inculcarle valores morales a través de historias y canciones de cuna. Antiguamente, en la casa vivían también los abuelos y otros miembros de la familia. Hoy en día, cuando los padres envejecen, se consideran una carga por parte de sus hijos. En cuanto pueden, los jóvenes se mudan y fundan su propio hogar. A causa de este proceso, se impide que los hijos reciban el mantillo fértil y rico de las relaciones familiares. Los niños se quedan sin los numerosos cuentos que el abuelo y la abuela podrían contarles. Su crecimiento se ve bloqueado, como el de un joven árbol en una maceta, sin posibilidad de establecer raíces profundas y sin desarrollarse plenamente. En el mundo actual, sería mejor confiar los hijos a los abuelos de la familia, pues los cuidarían con mayor amor y afecto que cualquier educadora o niñera. La presencia de los niños también aporta alegría a los abuelos en su vejez.

En el regazo de la madre los niños reciben las primeras lecciones sobre cómo discernir entre lo correcto y lo incorrecto. Hasta la edad de cinco años, se va moldeando la personalidad de un niño a través de las influencias que recibe. A esa edad, los niños pasan normalmente la mayor parte de su tiempo con los padres. En la actualidad, se han puesto de moda las guarderías y muchos niños se ven privados del amor y del afecto desinteresado de su madre. Las puericultoras que trabajan en las guarderías son empleadas que, a menudo, tienen que atender a sus propios hijos, a los que quieren y aman. Una madre no experimenta el mismo vínculo emocional con un niño ajeno que con uno propio. Así, en el momento en que el carácter de un niño debe ser moldeado, se cierra su mente. ¿Cómo vamos a esperar que esos niños se sientan responsables de sus padres ancianos, si han sido esos mismos padres los que los han dejado en manos de niñeras cuando tenían necesidad de crecer bajo el calor del amor maternal? Lo sorprendente sería que esos niños no pensaran en ingresar a sus padres en residencias de ancianos.

La madre es la que guía al niño. Además de dar amor y afecto al bebé que lleva en su seno y alimenta, también le incumbe ayudarle a desarrollar nobles cualidades. La madre puede hacerlo con mucha mayor eficacia que el padre. Por eso dice un antiguo proverbio que cuando un hombre es bueno, se beneficia un individuo; pero cuando una mujer es buena, se beneficia toda la familia.

En los niños que crecen sin recibir suficiente amor, a menudo domina una naturaleza animal. Es inevitable si los padres no tienen valores espirituales. Los padres han de ser capaces de distinguir entre las necesidades frívolas y las necesidades imperiosas de la vida. Deberían contentarse con llevar una vida sencilla y pasar la mayor parte del tiempo con sus hijos, aunque tengan que pedir permisos laborales. Amar realmente a un hijo, no consiste en llevarlo sólo a los parques de atracciones, supone dedicarle tiempo para transmitirle los valores nobles y auténticos. Si esos valores se arraigan profundamente en el niño, éste tendrá la fuerza necesaria para obrar bien en las situaciones difíciles, sin desfallecer nunca. Los niños tienen necesidad de gozar del amor y del afecto de su madre, al menos, hasta los cinco años. Entre cinco y quince años, los niños tienen necesidad de amor y de disciplina. Se conseguirá paz y armonía en la sociedad cuando los padres se esfuercen en alimentar de auténticos valores a sus hijos.

La integridad de cada individuo es la base de una noble cultura para toda la nación. El niño de hoy debe desarrollarse para que mañana alcance una personalidad madura. Recogeremos mañana lo que sembremos hoy.

Pregunta: ¿Pueden los padres enviar a sus hijos a las gurukulas, como en el pasado, para ser educados?

Amma: El materialismo ha ocupado el lugar de la cultura espiritual de otros tiempos. La sociedad de consumo, la búsqueda del placer, se han enraizado de tal manera que no es posible dar marcha atrás. Ha doblado en fuerza a nuestra cultura tradicional. Se ha llegado tan lejos que carece de sentido pensar en desenraizar el materialismo, y volver a nuestro antiguo modo de vida. El intentarlo sólo causaría decepción. Es preferible centrarse en cómo avanzar, en este mundo actual, y prevenir la decadencia total de nuestros valores tradicionales.

La carestía de vida ha aumentado considerablemente y no es fácil mantener una familia sin el trabajo de los dos cónyuges. La mayor preocupación de los padres es la educación de sus hijos. A veces sólo se puede recibir una buena educación en una escuela privada. Pero los gastos de admisión y estancia son elevados. Para mantener su reputación, las escuelas privadas facilitan una educación sistemática. El único criterio de progreso del alumno son las notas que obtiene en los exámenes; y eso tiene poco que ver con el verdadero conocimiento, la sabiduría o la pureza de conducta. El sistema educativo actual somete a los niños a una fuerte presión. Cuando un coche es nuevo, no se puede conducir muy deprisa, ya que el nuevo motor necesita un tiempo de rodaje hasta alcanzar toda su potencia. De no hacerlo así, se corre el riesgo de dañarlo. Del mismo modo, no se puede someter a una mente joven a una gran tensión, pues se verá perjudicada su salud y se detendrá su desarrollo.

Actualmente, en nombre de la educación, colocamos una carga tan pesada sobre nuestros hijos, que no son capaces de soportarla a tan tierna edad. En un momento en el que los niños deberían reír y jugar con sus amigos, los encerramos en las aulas, como si fueran aves en una jaula. Si desde los primeros niveles no obtiene excelentes notas, los padres se preocupan y se quejan. Pero es el niño el que sufre todas estas penalidades, no los padres. Si se pregunta a los hijos para qué estudian, la mayoría responde: "Para ser ingeniero o médico". Los padres los empujan hacia esas carreras desde el primer grado, en lugar de animarlos a conocer la verdadera meta de la vida y a vivir acorde con esa finalidad.

Consideremos el propósito de la educación. Es cierto que la educación moderna nos permite obtener un diploma, un buen empleo y ganar dinero; pero, ¿basta con eso para conseguir paz mental? El fin de la educación se limita, hoy en día, a la adquisición de riqueza y poder. Pero no olvidéis, hijos, que la purificación de la mente constituye la base misma de la paz y la felicidad. Sólo podremos acceder a ese grado supremo de refinamiento a través de una correcta comprensión de la espiritualidad. Si, además de una educación moderna, no les enseñamos a nuestros hijos a desarrollar nobles valores y a purificar su mente, vamos a criar ravanas (demonios), en lugar de ramas (dioses).

Si caminamos diez veces a través de un campo de hierba, se formará un sendero. No sucederá igual si caminamos repetidas veces por un pedregal. De la misma manera, cuando se inculcan los nobles valores en un espíritu joven, se graban rápida y profundamente en él. Una vez adulto, serán esos valores los que le guiarán.

Se puede modelar cualquier forma en la arcilla antes de colocarla en el horno; pero, una vez cocida, no es posible modificar su forma. Es necesario, por tanto, enseñar los nobles valores a nuestros hijos antes de que sus mentes se endurezcan bajo el calor del materialismo del mundo. Desdichadamente, las posibilidades de modelar el carácter de nuestros hijos son cada vez más limitadas, por eso Amma insiste tanto en esta cuestión.

Pregunta: ¿Por qué los vínculos familiares son cada vez más débiles?

Amma: Bajo la influencia de nuestra cultura materialista, no cesa de aumentar la codicia o la sed de placeres sensuales. La influencia moral que antiguamente ejercían las mujeres sobre los hombres ha desaparecido. La codicia por las ganancias materiales hace que las personas sean cada vez más egoístas. Las mujeres empiezan a sentirse forzadas a la sumisión por sus esposos. Surgen, así, las discusiones y los conflictos. Los padres están sembrando en sus hijos las semillas envenenadas del egoísmo y el espíritu de competencia, en lugar de ayudarles a desarrollar un buen carácter, como es su deber. Vemos cómo actualmente estas cualidades negativas adoptan su forma más feroz. Sus semillas han germinado, han crecido como árboles y sus ramas se extienden ahora por todas partes. Lo que necesitamos para liberarnos de esas tendencias negativas, más que la susodicha igualdad entre hombres y mujeres, es una comprensión mutua del papel que desempeña cada uno en la familia. El dinero por sí sólo no nos aportará nunca la paz. Y nunca ha ayudado a nadie a desarrollar un carácter puro o fuerza interior. ¿Cómo podrían los padres, que no saben lo que es la satisfacción interior, inculcar y alimentar en sus hijos valores como la comprensión mutua y el perdón? Por la incapacidad de los padres a educar correctamente a sus hijos, aumenta con cada generación el poder de las fuerzas destructivas en la sociedad. Si deseamos que esto cambie, los padres tienen que alimentar de principios espirituales su propia vida.

En esta sociedad, un hijo puede obtener amor por innumerables medios. Es posible que encuentre muchas personas que le muestren su afecto, pero ningún amor iguala al de una madre. Un coche circula con gasolina, pero necesita una batería para que el motor arranque. Para el niño, el amor de sus padres es como esa batería. El amor paterno y materno que recibimos durante la infancia, nos da la fuerza necesaria para afrontar todas las situaciones de la vida, y controlar nuestra mente.

El amor mundano comporta siempre un cierto grado de egoísmo. Si queremos una vaca, es por la leche que produce, no por puro amor. Por mucha leche que nos haya dado, la enviaremos al matadero el día que no produzca más. Cuando un cónyuge no cede ante un conflicto, se produce rápidamente un divorcio. Sin embargo, el amor de una madre por su bebé carece de egoísmo.

No basta con recibir una educación y obtener un empleo, también necesitamos comprender los principios espirituales. Cuando formemos una familia, el conocimiento de esos principios nos ayudará a orientar cada paso en la buena dirección. Hijos míos, esa es la única forma de encontrar paz. De poco sirve comer bien si no tenemos paz mental para dormir placenteramente.

Si construimos nuestra casa sobre el barro, sin unos cimientos sólidos, bastará un ligero viento para destruirla. De igual forma, si basamos nuestra vida familiar únicamente en el materialismo, es fácil que se quiebren las relaciones familiares ante el más mínimo problema. Pero si conseguimos que nuestra vida familiar se asiente sobre los sólidos cimientos de la espiritualidad, podremos hacer frente a cualquier tempestad. Esos son los beneficios de una vida familiar basada en la comprensión de los verdaderos principios. Cualquier oportunidad es buena para que los padres expliquen a sus hijos los principios de la espiritualidad, además de ser ejemplos de vida.

A pesar de toda la riqueza que existe en los países desarrollados, crece el número de enfermos mentales. Si supiéramos discernir entre lo eterno y lo efímero, podríamos vivir sin perder nuestro equilibrio mental ni nuestra paz interior. De no ser así, la invasión actual del materialismo también generará en la India un aumento de las enfermedades mentales. Veamos un ejemplo. Había una vez una familia compuesta por un matrimonio y un hijo. El padre ocupaba un cargo oficial elevado y la madre era asistenta social. Su hijo estudiaba y era un apasionado del críquet. La familia no poseía más que un coche. Una tarde, el padre tenía que acudir a una reunión y necesitaba el coche. Cuando iba a arrancar, su esposa salió para decirle que ella también necesitaba el coche para asistir a una boda, y empezaron a discutir. En ese instante llegó el hijo diciendo que tenía un partido de críquet y necesitaba el coche. Se pusieron los tres a discutir y a gritar unos contra otros. Así fue pasando el tiempo hasta que, al final, se dieron cuenta de que era demasiado tarde para ir adonde cada uno deseaba. No habían hecho más que discutir. Si hubieran intentado ayudarse mutuamente, habrían podido evitar la pelea. El marido habría llevado a su esposa a la boda, dejar a su hijo en el campo de críquet y luego irse a la reunión. Pero impusieron su ego y los tres dejaron de asistir a lo que les importaba. En lugar de armonía, sólo consiguieron que reinara la ira y el resentimiento entre ellos. Hijos, observemos ahora nuestra vida. ¿No perdemos una buena parte de nuestro tiempo discutiendo por cosas triviales? Conviene que nos fijemos en esta cuestión. Si desarrollamos un espíritu de humildad y perdón, si nos adaptamos a las necesidades de los demás, conseguiremos que se fortalezcan, cada día más, nuestras relaciones familiares. En una verdadera familia, siempre se da un sentimiento de aceptación mutua entre los esposos. En consecuencia, el mundo que comparten se ensancha y expande, todavía más, cuando tienen hijos. Pero esta expansión no debería detenerse ahí, debería crecer hasta abarcar a todos los seres, animados o inanimados. Este es el fin último de la vida familiar. De este modo, hombres y mujeres pueden descubrir su propia perfección. Un mundo de amor compasivo que lo abarca todo es un mundo de felicidad permanente. Es una vida sin discusiones ni luchas en relación con el pasado, y una vida libre de preocupaciones absurdas respecto al futuro. Cada uno vive con la idea de "para ti", y no con el pensamiento de "para mí". Dios mismo se hace presente para bendecir el santuario de una familia en la que la luz del amor brilla con resplandor.

Conversación con un grupo de Occidentales

Un grupo de devotos alemanes visitó al ashram para recibir el darshan de Amma. La mayoría de ellos realizaba práctica espiritual desde hacía años. Esta es su conversación con Amma.

Pregunta: ¿Cuánto tiempo debe transcurrir entre una comida y la meditación?

Amma: Hijos, no meditéis nada más acabar de comer. Esperad al menos dos horas. Si no habéis tomado más que un ligero tentempié, dejad pasar una media hora antes de empezar a meditar. Cuando os sentéis a meditar, dirigid vuestra mente hacia la parte del cuerpo sobre la que intentáis concentraros. Cuando la meditación se centra en el corazón o en el punto situado entre las dos cejas, fluye una gran parte de la energía corporal hacia el punto de concentración, y no hay suficiente energía para hacer la digestión. Se pueden producir cortes de digestión y algunos desajustes, ya sean vómitos o dolores de cabeza. Por tanto, empezad a meditar cuando haya pasado suficiente tiempo para la digestión.

Pregunta: ¿Cómo debemos repetir nuestro mantra?

Amma: Cuando repitáis vuestro mantra, concentraos en la forma de vuestra divinidad elegida o en el sonido del mantra. Es conveniente visualizar cada letra (sílaba) del mantra interiormente mientras lo recitáis. Podéis concentrar vuestra mente en el sonido que se produce al recitarlo. Resulta muy útil repetirlo cuando tratamos de controlar los pensamientos. El mantra es el remo que nos permite avanzar y alcanzar el Ser Supremo. Vuestra mente está actualmente apegada a la diversidad. El hecho de repetir un mantra os ayudará a liberaros de toda esa diversidad y a concentrar la mente en Dios. Amma ha conocido a muchas personas preocupadas por no alcanzar a visualizar a su divinidad elegida[21] repitiendo su mantra. Si no podéis ver a vuestra deidad, contentaos con recordar su nombre y continuad repitiendo el mantra concentrándoos en las letras o en su sonido. Durante la meditación, basta con concentrarse en la forma; no es necesario repetir el mantra en ese momento. Pero la repetición del mantra debe seguir interiormente, de forma continua, ya estéis trabajando, caminando, viajando o haciendo cualquier otra cosa. Así, de una manera sutil, la mente reposa constantemente en Dios. No os inquietéis si no obtenéis una concentración perfecta. Atended, al menos, al sonido del mantra. Cada vez que lo repitáis, imaginad que ofrecéis una flor a los pies de vuestra divinidad elegida. Con los ojos cerrados, tomad una flor de vuestro corazón y depositadla a los pies de vuestra deidad. Si no os es posible, concentraos en el sonido del mantra o en la forma de sus letras, visualizándolas. Cualquiera que sea el método elegido, no dejéis a la mente vagabundear, sujetadla a vuestra divinidad elegida.

Pregunta: ¿Es necesario repetir el mantra durante la meditación?

Amma: No, si sois capaces de fijar vuestra mente en una forma.

---

[21] Cuando Amma habla de la divinidad elegida, designa el aspecto del Divino que representa para nosotros a Dios. Este puede ser, por ejemplo, la Madre divina, Krishna o Cristo.

Pregunta: ¿Cómo podemos concentrar la mente en la forma de nuestra divinidad durante la meditación?

Amma: Visualizad la forma de vuestra divinidad elegida continuamente, de la cabeza a los pies y de los pies a la cabeza. Podéis imaginar que giráis en torno a ella adorándola (pradakshina) o bien que corréis y os divertís con ella. También podéis imaginar que vuestra divinidad bienamada se aleja de vosotros y que intentáis atraparla corriendo, o bien, imaginad que estáis sentados en sus rodillas y que le dais un beso, o que ella os peina y os alisa los cabellos. El fin de todas estas visualizaciones, es el de fijar la mente sobre vuestra divinidad bienamada.

Visualizando esta forma divina, rezad por ejemplo: "¡Oh madre, guíame!" "¡Oh padre, guíame!" "¡Oh luz eterna, guíame!" O bien "¡Océano de compasión guíame!"

¡Pensad en la distancia que la mente recorre en un segundo! Estas visualizaciones impiden que la mente vagabundee. Posiblemente no encontréis nada de todo esto en el Vedanta, pero gracias a estas prácticas podréis experimentar lo que está contenido en él.

Pregunta: ¿Cómo podemos repetir el mantra o acordarnos de la forma de nuestra divinidad bienamada mientras trabajamos? ¿No nos olvidaremos de repetir el mantra?

Amma: Imagina que tu hermano está en el hospital en estado crítico. ¿Dejarás de pensar en él, incluso trabajando? Hagas lo que hagas, pensarás constantemente en él. Te dirás: "¿Ha recuperado la conciencia? ¿Habla? ¿Habrá mejorado?" No pensarás más que en él, pero tú seguirás trabajando. Así, si consideramos a Dios como nuestro familiar más cercano, como nuestro propio ser, no nos será difícil acordarnos de Dios y repetir el mantra.

Pregunta: Todos los brahmacharis y las brahmacharinis que viven aquí ¿alcanzarán la Auto-Realización?

Amma: Los hijos que están aquí han venido por diferentes razones. Algunos han tomado esta decisión porque experimentan un desapego total hacia los objetos de este mundo, y hay otros que imitan este grupo y vienen por un impulso de fervor inicial. Si hacen el esfuerzo necesario, también podrán absorber este samskara espiritual y progresar. En la historia se dan casos de personas de mala vida que han cambiado gracias a la asociación con grandes almas (satsang). Valmiki vivía en el bosque donde robaba y mataba a los viajeros, pero gracias al satsang y al esfuerzo que realizó a continuación, se convirtió en un gran sabio y el primero de nuestros poetas. El satsang también tuvo un efecto poderoso sobre Prahlada, quien llegó a ser el más grande de los devotos, aunque pertenecía al linaje de los asuras (demonios)[22].

Aunque algunos vengan aquí movidos por un impulso de fervor inicial, si intentan comprender las enseñanzas, asimilarlas y ponerlas en práctica, podrán realmente cambiar. ¿Acaso no se aprenden algunos oficios en compañía de un maestro artesano? No aprenderéis nada si no permanecéis cerca de un maestro para observarlo. Así, viviendo en el ashram y participando en la vida de la comunidad, es posible progresar. La persona desarrollará

---

[22] Cuando la esposa del rey demonio Hiranyakashipu estaba embarazada, los devas (seres celestiales) atacaron a los asuras (demonios). Hiranyakashipu estaba realizando en aquel momento austeridades. Los devas querían destruir al niño que Kayadhu portaba en su seno. Estaban preocupados por si el niño se convertía en una amenaza para ellos en el futuro. Pero cuando Devendra estaba raptando a Kayadhu, intervino el sabio Narada y lo detuvo. Narada sabía que el niño que iba a nacer estaba destinado a ser su discípulo y podría convertirse en un gran devoto del Señor Vishnu. Por tanto, Narada llevó a Kayadhu a su ermita, y allí le impartió enseñanzas cada día sobre el Señor Vishnu y le narró historias acerca del Señor. El niño en el seno materno fue absorbiendo cada una de estas enseñanzas. Aunque Kayadhu se quedara dormida por el cansancio, el niño seguía las historias que narraba el santo. De esa manera, Prahlada conoció muchas historias sobre las divinas encarnaciones del Señor. También pasó la mayor parte de su infancia en el ashram de Narada.

interiormente una disposición espiritual. Si no se produce ningún cambio después de un largo periodo en compañía de un sabio, habrá que aceptarlo como el resultado del karma de esa persona, un karma que procede de vidas pasadas.

Había una vez, en una aldea, un sannyasin que pasaba sus días sentado bajo un árbol de peepul, donde meditaba y repetía un mantra. Los aldeanos le traían frutos y pastelillos, además de ofrecerle sus servicios. Un joven que lo veía a diario, se puso a pensar en la conveniencia de convertirse también en monje, y solucionar así su vida. Se puso la ropa ocre de los sannyasines y fue a una aldea vecina. Allí se sentó bajo un árbol y se puso a meditar y a repetir un mantra. Bien pronto, acudieron algunas personas a saludar al sannyasin, y le trajeron frutos y dulces en abundancia. Entre los que le visitaban se encontraban muchas mujeres bellas. Al cabo de unos días, el joven desapareció, ¡había huido con una de ellas!

Los que vienen aquí simulando o fingiendo, no lo lograrán. Sólo los que tienen una fe y entrega total lograrán el estado último. Los otros acabarán por seguir su propio camino. ¿Por qué inquietarse? Este es un campo de batalla. Si salís victoriosos aquí, podréis conquistar el mundo entero, dominaréis todo el universo.

Pregunta: Si Dios es la causa de todo, ¿no es también la causa de las numerosas enfermedades actuales?

Amma: Dios es la causa de todo. Él nos ha enseñado también cómo llevar nuestra vida. Nos habla a través de los mahatmas. ¿A qué viene acusar a Dios de las dificultades que encontramos cuando no seguimos sus enseñanzas? Un jarabe puede curaros pero si os bebéis toda la botella de golpe, sin obedecer las instrucciones del médico, se puede ver afectada seriamente vuestra salud. Necesitáis sintonizar correctamente la frecuencia de vuestra radio, si no queréis oír ruidos molestos. Cuando la sintonizáis adecuadamente, su música os produce placer y satisfacción. De forma parecida, las personas sufren porque no comprenden lo esencial. Necesitan ir a lo esencial si quieren encontrar la felicidad. El fin del satsang consiste en aprender esos principios. Una charla espiritual puede ayudarnos a resolver numerosos problemas. Si estáis cerca de un maestro espiritual establecido en la Verdad última y seguís sus instrucciones, vuestra vida estará siempre llena de alegría; jamás estaréis en peligro. La vida de los que no aprenden los verdaderos principios, ya sea a través de los libros o discursos espirituales, ni se benefician de la presencia de un maestro espiritual, seguirá con toda probabilidad una vía descendiente.

Muchas de las enfermedades actuales son el resultado de las acciones egoístas de la humanidad. Comemos alimentos tóxicos y desnaturalizados. Los pesticidas y los fertilizantes empleados en el cultivo de las semillas y las legumbres son tóxicos hasta el punto de envenenar a los que los respiran. Comemos lo que producen estas cosechas, modificadas con el fin de obtener un provecho excesivo. ¿Cómo no va a verse afectada nuestra salud?. El consumo de alcohol y drogas genera igualmente numerosas enfermedades. Muchas medicinas no son totalmente puras, también han sido adulteradas. Ciertamente, el comportamiento inhumano de los humanos es la causa del aumento tan considerable de las enfermedades actuales. No podemos acusar a Dios por todo esto. Él no causa ninguna enfermedad, ni hace sufrir a nadie. No hay imperfección en la creación divina. Son los seres humanos quienes lo desnaturalizan todo. Si vivimos de acuerdo con la voluntad de Dios, en armonía con la naturaleza, la mayoría de las enfermedades actuales desaparecerían.

Pregunta: En nuestros días, hasta los niños enferman, ¿qué falta han cometido?

Amma: A menudo, se debe a alguna negligencia de los padres. Después de todo, esos niños proceden de unos padres que se alimentan con comida adulterada o contaminada. ¿Cómo van a gozar de buena salud? Hasta la leche contiene sustancias tóxicas, pues las vacas se alimentan con hierba y pasto tratados con pesticidas.

Es natural que los niños de padres alcohólicos y drogadictos no nazcan con buena salud. Puede que lleguen al mundo con malformaciones y deficiencias genéticas. Los niños de los que consumen medicamentos alopáticos en exceso también son proclives a padecer enfermedades. A causa de las acciones incorrectas que estas almas han realizado en vidas anteriores, tienen que renacer como hijos de esos padres y padecer, también, las consecuencias de las acciones negativas de sus padres. Nuestra felicidad o desdicha dependen de nuestros actos, pues el karma es la causa de todo. Si queremos gozar de una felicidad duradera y evitar el sufrimiento, tenemos que actuar con sumo cuidado y atención. Somos nosotros los que creamos nuestras propias dificultades. Nunca recogeremos los frutos de errores que no hayamos cometido, pero sí de los que hemos realizado. En la actualidad, las personas no se consideran como parte de la creación divina, viven en su propia creación y reciben los frutos que se generan de esa visión. Es inútil, pues, criticar a Dios y hacer recaer la culpa sobre Él. Si seguimos el camino que nos ha trazado, no tendremos nada que lamentar; ni siquiera sabremos lo que es el sufrimiento.

Pregunta: Las escrituras hablan de la reencarnación. ¿Cómo obtiene el alma individual un nuevo cuerpo?

Amma: Toda alma individual recibe un nuevo nacimiento de acuerdo con su samskara (grado de sutileza interno). Si un alma individual obtiene un nacimiento humano, se debe al samskara alcanzado en su vida anterior. Si un ser humano realiza buenas acciones y lleva una vida pura, puede verdaderamente convertirse en Dios. Pero si se obstina en vivir como un animal habiendo nacido como humano, tendrá que volver a nacer bajo una forma de vida inferior. Existe un aura que rodea nuestro cuerpo. Igual que nosotros grabamos música o una conversación en una casette, esta aura graba cada uno de nuestros pensamientos y de nuestras acciones. Según sean las acciones, éstas se graban en diferentes partes del aura: las buenas acciones son grabadas en el aura por encima de la cintura y las malas en la parte inferior. Si una persona realiza esencialmente buenas acciones, accede después de la muerte a un mundo superior. El alma alcanza el mundo de los antepasados o vuelve a nacer según los límites establecidos por sus acciones. Pero si alguien se ha dedicado a cometer fundamentalmente malas acciones, el aura de esa alma cae al suelo y se vuelve alimento de gusanos e insectos, y el alma renace entonces como ave o animal.

Cuando un huevo sano eclosiona, sale un ave. Si el huevo está mal, no nacerá ninguna ave. El huevo roto, podrido en el suelo, será devorado por los gusanos e insectos.

Vivir pensando sólo en la felicidad presente, no genera más que la desdicha futura. Si escupís al aire mientras estáis tumbados boca arriba, y no os levantáis porque sois demasiado perezosos, lo más probable es que vuelva a caer sobre vosotros. Lo mismo sucede con cualquier acción, tendrá su correspondiente reacción por parte de la naturaleza. No cabe la menor duda.

Pregunta: Si hemos realizado diferentes acciones en vidas pasadas, ¿por qué no tenemos conciencia de ellas?

Amma: ¿Te acuerdas de todo lo que hiciste cuando eras pequeño? ¡Ni siquiera nos acordamos de todo lo que hemos hecho en esta vida! La canción que aprendiste ayer, es posible que la olvides mañana. Entonces, ¿cómo vas a acordarte de lo que ha ocurrido en una vida precedente? Pero, cuando tu mente se vuelva sutil gracias a la práctica espiritual, entonces lo sabrás todo. Cuando hablamos del fruto de los actos realizados en vidas anteriores, también tenemos que incluir los frutos de las acciones realizadas inconscientemente en esta vida. Nuestra felicidad o desdicha actual es el fruto de acciones pasadas, realizadas en vidas anteriores o en esta misma vida. Si utilizamos nuestra inteligencia y actuamos correctamente, podremos vivir satisfactoriamente y convertirnos en los hijos de la dicha divina.

Pregunta: Si por descuido tocamos a alguien con el pie, ¿estamos obligados a tocar a esa persona con la mano y poner después la mano en nuestra frente? ¿No se trata de una superstición?

Amma: Estas prácticas han sido instauradas por nuestros antepasados para desarrollar buenas costumbres. Así decimos a un niño que si miente, se volverá ciego. Si fuera verdadero, ¿cuántos gozarían de visión actualmente? Pero afirmándolo, podemos ayudar al niño mentiroso a corregirse. Cuando se nos pide tocar a la persona que hemos tocado con el pie, es para mostrarle nuestro respeto. Esa costumbre tiene por objeto desarrollar la humildad. El que siga esta costumbre, no pensará en dar una patada a nadie, ni cuando esté enfadado o alterado.

Hay otra razón. Entre los pies y la cabeza existe un vínculo. Cuando el pie golpea cualquier cosa, ciertos nervios de la cabeza se ven afectados. Cuando nos postramos, la tensión de esos nervios se relaja. Pero lo esencial es que estas prácticas propician una buena conducta.

Pregunta: Amma, se puede dividir la vida en dos aspectos, el espiritual y el material; pero, ¿cuál de los dos nos da la felicidad?

Amma: Hijos míos, no consideréis lo espiritual y lo material como dos aspectos separados. Esta diferencia sólo existe en la mente. Se trata de comprender la espiritualidad y vivir de acuerdo con ella. Entonces la vida será algo dichoso. La espiritualidad nos enseña a llevar una vida de verdadera felicidad. Si comparamos el aspecto material de la vida con el arroz y el espiritual con el azúcar, la espiritualidad es el azúcar que endulza el arroz con leche. Una buena comprensión de la espiritualidad hace que la vida sea dulce. Si os apegáis al aspecto material de la vida, sufriréis. Los que no desean más que los placeres de este mundo, deben estar dispuestos a sufrir. No conviene rezar por los objetos de este mundo, pues tendremos que aceptar las consecuencias. El aspecto material nunca dejará de importunarnos y atormentarnos. Pero eso no significa que tengamos que renunciar completamente a las cosas del mundo. Amma sólo dice que, mientras vivimos en el mundo, debemos desarrollar una cierta comprensión de la espiritualidad para que el sufrimiento no nos debilite. Nada de este mundo nos pertenece, ni siquiera los que consideramos como padres y amigos. Ninguno de los que dicen ser nuestros familiares, son realmente nuestra familia. Sólo Dios es nuestra verdadera familia. Cualquiera se puede volver en contra de nosotros en cualquier momento. La gente nos ama porque sólo desea su propia felicidad. La enfermedad, la tristeza o las dificultades las tenemos que afrontar solos. Por tanto, ¡permanezcamos unidos sólo a Dios! Si nos apegamos al mundo, nos será difícil conquistar nuestra libertad. ¡Cuántas vidas habrá que vivir para liberarse de los apegos!

Debemos vivir como si cumpliésemos un deber. Entonces no nos sentiremos tristes si los demás se vuelven en contra o nos abandonan. Tampoco nos hundiremos cuando alguien al que hemos amado más que a nuestra vida, nos rechace de pronto. No habrá motivo para la desesperación.

Si os hacéis una herida en la mano, no os quedáis sentados llorando, esperando que se cure sola. De nada sirve llorar cuando perdéis a un ser querido o vuestro patrimonio. Las lágrimas no harán que regresen. Pero si comprendemos y aceptamos el hecho de que los que hoy están con nosotros pueden dejarnos mañana, podremos vivir felices y libres de toda preocupación. Poco importa, entonces, quién se vuelva contra nosotros o quién nos abandone. Eso no significa que no debamos amar a nadie; al contrario, deberíamos amar a todos. Pero este amor debe ser desinteresado. Amemos sin esperar nada a cambio, y de esa forma evitaremos el sufrimiento.

La vida en este mundo también incluye el sufrimiento. Sin embargo, puede aportarnos felicidad si tenemos una cierta comprensión de la espiritualidad. Si saltamos a un mar embravecido, sin preparación alguna, nos arrastrarán las olas y es probable que nos ahoguemos. En cambio, los que han aprendido a nadar bien pueden hacer frente a las grandes olas sin ninguna dificultad. Sucede lo mismo con la espiritualidad. Si se convierte en el fundamento de nuestra vida, no caeremos cuando las circunstancias sean adversas. La mente puede sentirse feliz con un objeto y odiar otro. Algunos no podrían vivir sin fumar, y a otros les molesta el humo. Alegría o tristeza, todo está en la mente. Si domináis la mente y la lleváis por buen camino, no conoceréis más que alegría. Para lograrlo, necesitáis conocimientos espirituales. Cuando se vive de acuerdo con ellos, no hay sufrimiento.

Intentad repetir constantemente un mantra. Hablad sólo de Dios. Renunciad a todo egoísmo. Abandonadlo todo a los pies de Dios. Si somos capaces de vivir así, no sufriremos.

Puesto que nos apegamos tan fácilmente a cualquier objeto de este mundo, ¿por qué no apegarnos a Dios? Nuestra lengua sabe muy bien hablar de todo, ¿por qué no enseñarle a repetir nuestro mantra? Si lo logramos, encontraremos paz en nosotros y en los que nos rodean.

La mayoría de la gente explica sus problemas a todo el mundo. Pero eso no resuelve nada. Lo único que consiguen es hacer más desdichados a los que tienen que oírlos. Es como si una pequeña serpiente intentara tragarse otra más grande.

Volcarse en el mundo, es olvidarse de Dios; supone buscar nuestra propia felicidad a través de los objetos materiales. Para obtener algunas migajas de placer, nos vemos obligados a sufrir la mayor parte de nuestra vida. Así es como se pierde la paz interior, afectando también a los que nos rodean. La espiritualidad, en cambio, implica ser generoso y abandonarlo todo a Dios, sabiendo que, en realidad, todo le pertenece. Los que viven así, conocen la paz interior y la pueden transmitir al corazón de los que les rodean.

Pregunta: Amma, has dicho que nuestra devoción no debería estar motivada por los deseos, sino por una comprensión de los principios espirituales ¿Cuál es la razón?

Amma: Sólo podemos progresar realmente a través de la devoción basada en los principios esenciales. Debemos aprender a vivir siguiendo el camino justo. La devoción nos dice cómo hacerlo. Sólo hay dicha en la vida de un auténtico devoto. Pero si la devoción no va acompañada por una comprensión de los principios espirituales, la vida entera suena a falsa. Una vida así no os dará felicidad alguna. Por eso Amma dice que cuando se venera a Dios, hay que tener una correcta comprensión de los principios espirituales y rezar para que nos sea concedida la verdadera devoción.

Actualmente, son muchos los que rezan para satisfacer sus deseos, pero su devoción no se basa en una comprensión real. Van al templo cuando quieren alguna cosa y prometen dar algo a cambio si obtienen lo que desean. Eso no es devoción. La felicidad no se consigue de ese modo. Aman a Dios si se cumplen sus deseos y lo odian si fracasan. Conforman su vida a través de una fe intermitente, interrumpida.

Había una vez dos matrimonios, que vivían desde hacía diez años en la misma aldea. Ninguna de las dos tenía hijos. Una de ellas se sentía triste por este hecho, y rezaba a Dios, cada día, para que les concediera un hijo. Una noche, el marido soñó con un Ser divino que le preguntaba: "¿Si tienes un hijo, te sentirás satisfecho?" Él contestó: "Sin hijo, nunca seré feliz. Si tuviera uno, me sentiría satisfecho el resto de mi vida." El Ser divino lo bendijo y desapareció. Poco después su esposa quedó embarazada. Ambos desbordaban de alegría. Pero su alegría duró poco, pues empezaron a preocuparse por el niño que iba a nacer. Se preguntaban sin cesar: "¿Estará bien formado? ¿Gozará de buena salud? ¿Será guapo?" Si antes rezaban a Dios para que satisficiera su deseo de tener un hijo, ahora no pensaban ni un sólo instante en Dios. Sólo se preocupaban del niño que iba a nacer. No tenían ni un sólo momento de paz.

El bebé nació. Era un niño saludable y los padres se sentían muy felices. Se pusieron a ahorrar para pagar la educación de su hijo. Cuando empezó a ir a la escuela, los padres se inquietaban cuando lo veían partir, pensando: "¿Le hará alguien daño? ¿Tendrá algún accidente?" No dejaban de preocuparse hasta que volvía de la escuela. A medida que crecía, el hijo se volvía cada vez más testarudo y caprichoso. Se negaba a obedecer a sus padres y no prestaba ninguna atención a los estudios. A los padres sólo les preocupaba el porvenir de su hijo. Con los años, se intensificaron sus malas costumbres y, cuando empezó el bachillerato, empezó a beber. No cesaba de pedir dinero a sus padres, casi a diario, y no dudaba en insultarlos e incluso golpearlos. Los padres temían el momento en el que regresaba a casa. Poco a poco, el hijo fue vendiendo todos los bienes de sus padres. Un día, como se negaban a darle dinero, los amenazó con un cuchillo. Temiendo por su vida, se endeudaron para satisfacer todos sus deseos, puesto que ya no poseían nada. Cuando llegó el día en que no pudieron devolver sus deudas, los vecinos dejaron de prestarles dinero y se volvieron hostiles. Finalmente, el hijo abandonó a sus padres y no volvió más, pues ya no le servían de nada. Aquellos padres, que se habían desvivido por su hijo, se encontraban ahora sin el hijo, sin posesión alguna y con animadversión de los vecinos. No les quedaba más que llanto y desesperación.

Si sólo deseamos la felicidad que proporcionan los objetos de este mundo, debemos estar dispuestos a soportar el sufrimiento que conlleva.

La otra pareja, también rezaba a Dios, pero no para tener un hijo. Sólo deseaban alcanzar a Dios. Su devoción se fundamentaba en un amor auténtico hacia Dios. No les preocupaba si no tenían ningún hijo, y rezaban a Dios del siguiente modo: "No tenemos hijos, Señor, pero haz que veamos a todos como hijos tuyos. Tendremos hijos, si esa es tu voluntad. No nos preocupa si no llegan, rezamos para que nos concedas una mayor devoción." Esa era la actitud que mantenía esta pareja. Poseían una comprensión auténtica de la espiritualidad. Sabían lo que era eterno y cuál era la meta de la vida. Repetían constantemente su mantra y dedicaban el tiempo libre a leer y escuchar historias espirituales. Cantaban canciones devocionales con sus familiares y amigos, y rezaban cada día para amar y servir mejor a todos los seres. También daban una parte de sus ingresos a los pobres. Dios se sintió conmovido por su pura devoción y, aunque no rezaban para tener un hijo, Dios los bendijo concediéndoles uno. El nacimiento de su hijo no cambió para nada su devoción. Se sentían agradecidos y felices, pero no desmesuradamente alegres. Continuaron consagrando su vida a Dios. Contaron a su hijo historias espirituales y, desde su infancia, le enseñaron a rezar y cantar cantos devocionales. En consecuencia, el niño desarrolló un buen carácter y se ganó el aprecio de todos. Los padres le mostraban su cariño, pero sin sentirse excesivamente apegados, pues consideraban que su refugio estaba en Dios. Cuando llegaron a la vejez, no esperaron que los demás los atendieran. Sin embargo, muchos se acercaban a visitarlos y a servirlos con respeto y amor. Se sentían atraídos por su devoción inocente y por el amor desinteresado que manifestaban hacia los demás. Porque no eran egoístas, vivieron felices. Saborearon la felicidad antes y después del nacimiento de su hijo. Y como rezaban a Dios para que les permitiera considerar a todos los seres como hijos suyos, recibieron mucho más que un hijo. Dios les envió a muchas personas para que los amaran y atendieran.

Las dos parejas tenían devoción (bhakti). Pero la devoción de la primera estaba basada en el deseo (kamya bhakti), mientras que en la segunda no tenía finalidad alguna, era puro amor.

Para la primera pareja, su hijo lo era todo. Pensaban que estaría siempre con ellos. Dios no era más que un medio para satisfacer sus deseos. Cuando obtuvieron lo que querían, se olvidaron de Dios. Y cuando su hijo los abandonó, se hundieron en la desesperación.

Sin embargo, la segunda pareja comprendió que, en este mundo de ilusión, sólo Dios es real y eterno. Sabían que nadie ama al prójimo más que por su propio interés. También tenían en cuenta que, en el momento de la muerte, nadie ni nada les acompañaría, ni hijo, ni cónyuge, ni fortuna, ni bien alguno. Sólo tenían una meta, la de realizar el Ser, que es el único eterno, y vivían según este principio. Su devoción se fundamentaba en el verdadero principio espiritual (tattva). No se afligían si alguien se volvía contra ellos. Amaban incluso a los que se mostraban enemigos. Habían consagrado su vida a Dios y eran felices.

Hijos míos, nuestra devoción debe brotar únicamente de nuestra sed de Dios. Entonces, Dios nos lo dará todo. No tiene sentido preocuparnos por saber quién se ocupará de nosotros en la vejez. Ningún devoto verdadero ha muerto de hambre o ha sufrido porque no hubiera nadie que se ocupara de él. Y ¿por qué preocuparse de lo que le ocurrirá al cuerpo después de la muerte? Nada más fallecer, empezará a oler mal, y será enterrado o incinerado. Es inútil malgastar la vida preocupándonos de todo eso.

¿Por qué preocuparse por el futuro? Lo que ha ocurrido hace un momento equivale a un cheque anulado. No sirve de nada perder energía y tiempo pensando en ello. Si vivís el momento presente con sumo cuidado y atención, el mañana os será favorable.

La devoción es importante. Pero, si después de rezar, os ponéis a hablar mal de los demás, eso no es devoción. Esforzarse por ver a Dios en los otros, eso sí es devoción. También es devoción realizar buenas obras poniendo un gran cuidado. Lo que Amma llama devoción es la facultad de discernir entre lo eterno y lo efímero. Eso es lo que necesitamos.

Pregunta: ¿No es Dios el que hace que llevemos a cabo tanto acciones justas como injustas?

Amma: Es cierto, si tenéis realmente conciencia de que Dios es quien os lo hace hacer todo. En este caso, cuando recibís el beneficio de una buena acción o el castigo de una mala, deberíais ser capaces de pensar igualmente: "Es Dios quien lo da todo."

Dios no es el responsable de nuestros errores, sino nosotros mismos. Culpar a Dios por nuestra ignorancia, es como culpar a la gasolina de un accidente de tráfico causado por un error en la conducción. Dios nos indica claramente cómo vivir en este mundo. No podemos culpar a Dios por las consecuencias de no seguir sus instrucciones.

Pregunta: En el Bhagavad Gita se dice que debemos actuar sin esperar los frutos de nuestra acción. ¿Cómo es posible trabajar sin desear los frutos?

Amma: El Señor lo dijo para que viviéramos libres de sufrimiento. Actuad con sumo cuidado y atención, sin que nos devore la ansiedad respecto al resultado. Los frutos vendrán por sí solos. Si estudiáis, hacedlo con interés, sin angustiarse por saber si os examinaréis o no. Si construís una casa, construidla con cuidado conforme a los planos, sin atormentaros, ni inquietaros por si la construcción se sostendrá o no. Haced buenas acciones y tendréis buenos resultados. Si vendéis arroz de buena calidad, carente de piedras, todo el mundo comprará. Este es el resultado del esfuerzo que hacéis cuando seleccionáis los granos buenos, los hervís, los secáis y los descascarilláis. Pero si comerciáis con vuestro arroz para sacar mayor beneficio, recibiréis un castigo más tarde o más temprano. Perderéis además vuestra paz interior. Así que actuad con cuidado y atención, considerando todo lo que hacéis como una ofrenda a Dios. Obtendréis los frutos en su justa medida, ni más ni menos, tanto si os habéis preocupado como si no. ¿Para qué perder el tiempo pensando en ello? ¿No sería más positivo emplear esa energía en llevar a cabo la acción lo mejor posible? E incluso, ¿por qué no fijar nuestra mente en Dios, en lugar de malgastar ese tiempo?

Pregunta: Puesto que el Ser es omnipresente, ¿no debería estar presente en el cuerpo físico después de la muerte? ¿Por qué se produce la muerte, entonces?

Amma: Si una bombilla se funde, eso no quiere decir que no haya electricidad. Cuando apagáis el ventilador dejáis de percibir la corriente de aire, pero siempre hay aire. Si sopláis dentro de un globo, hacéis un nudo y lo lanzáis al cielo, el aire no desaparece si el globo se pincha, siempre está ahí. De igual manera, el Ser está presente en todas partes. Dios está en todas partes. La muerte no es el resultado de la ausencia del Ser, sino de un fallo en el instrumento o soporte (upadhi), es decir del cuerpo. La muerte es la destrucción del upadhi; no tiene nada que ver con alguna deficiencia del Ser.

Pregunta: ¿Es posible alcanzar el estado de Auto-Realización a través de la práctica espiritual, la lectura de libros y la asistencia a charlas espirituales, sin necesidad de contar con la ayuda de un maestro espiritual?

Amma: La mecánica no se aprende únicamente en los libros. Hace falta practicar con un mecánico experimentado, observarlo y aprender de él. De igual forma, necesitáis un maestro espiritual para que seáis conscientes de los obstáculos que surgirán en vuestra práctica espiritual y superarlos, todo ello con el fin de alcanzar la meta.

Las recomendaciones sobre cómo tomar un medicamento están indicadas en su etiqueta, pero es mejor no tomarlo sin consultar previamente con un médico. La etiqueta sólo da unas indicaciones generales. El doctor valora la salud y la constitución de cada paciente, y decide la dosis más adecuada. Si no seguís sus instrucciones, la medicina resultará más perjudicial que beneficiosa. Es posible que descubráis la espiritualidad y su práctica a través de lecturas y charlas espirituales; y hasta es probable que adquiráis un cierto conocimiento. Sin embargo, para vencer las dificultades y alcanzar el fin último mediante la práctica espiritual, necesitáis un maestro. Cuando se transplanta una planta joven, hay que colocar un poco de su tierra original para facilitar que arraigue y se adapte al nuevo lugar. Sin un terrón de esa tierra, le será más difícil adaptarse al nuevo suelo. La presencia de un maestro espiritual es comparable a la tierra del lugar de origen. Es muy difícil que, al principio, persevere en su práctica un aspirante espiritual. La presencia del maestro le dará la fuerza necesaria para superar todos los obstáculos y permanecer firmemente anclado en su práctica espiritual. El crecimiento armonioso de un manzano requiere unas condiciones climáticas específicas. Además de necesitar agua y abono cada cierto tiempo, hay que estar atentos para que no lo ataquen los parásitos. De forma parecida, el maestro crea las circunstancias favorables para las práctica espiritual del discípulo y lo protege de todos los obstáculos.

El maestro conoce el tipo de práctica espiritual que más conviene. Señala el camino a seguir y os dice si tenéis que practicar el discernimiento (entre lo eterno y lo efímero), hacer actividades de servicio desinteresado, practicar yoga, meditar de una determinada manera, repetir un mantra o bien rezar. Es cierto que algunos no cuentan con una buena constitución para hacer yoga, otros tendrán que abstenerse de meditar durante varias horas seguidas. ¿Qué ocurriría si en un autobús de veinticinco plazas se dejara subir a ciento veinticinco personas? Una pequeña batidora no se utiliza de igual forma que una máquina industrial. Si utilizáis la batidora sin interrupción durante un largo tiempo, se sobrecalentará y se estropeará. El maestro sugiere la práctica espiritual más apropiada a la constitución física, mental e intelectual de cada persona.

El maestro conoce mejor que vosotros la naturaleza de vuestro cuerpo y mente. Os aconseja de acuerdo con vuestro grado de evolución. Si decidís ignorarlo y hacer la práctica espiritual por vuestra cuenta, siguiendo las instrucciones de cualquier texto que encontráis por ahí, os arriesgáis a perder vuestro equilibrio mental. Un exceso de meditación puede acumular demasiado calor en la cabeza, produciendo insomnio. El maestro instruye conforme a la naturaleza de cada uno, indicando sobre qué parte del cuerpo conviene concentrarse durante la meditación: en el corazón o el entrecejo, y durante cuánto tiempo.

Cuando viajéis, será más fácil llegar a vuestro destino si os acompaña alguien que conoce la región y sus carreteras. En caso contrario, un trayecto que podría hacerse en una hora, nos podría costar diez. Y aunque tengáis un mapa, corréis el riesgo de perderos en esa región que desconocéis o pasar por una zona peligrosa, Pero no tenéis nada que temer, si contáis con un guía experto que conoce el camino. El papel del maestro espiritual es comparable a ese guía. Él conoce a fondo los diferentes caminos por los que transitan los viajeros espirituales. Los obstáculos se pueden presentar a cada paso que deis y será difícil continuar vuestra práctica, si no tenéis un maestro que os guíe.

Cuando recibís la iniciación de un satgurú, progresáis muy rápidamente. No se fabrica yogurt añadiendo leche a la leche; hace falta añadir un poco de yogurt. Sucede lo mismo cuando un satgurú os inicia con un mantra. Se despierta el poder espiritual del aspirante.

Pregunta: Obedecer a un maestro, ¿no es una forma de esclavitud?

Amma: Es difícil liberarse del ego únicamente por la práctica espiritual. Para eliminar el ego, hay que seguir las instrucciones de un maestro espiritual cualificado. Cuando nos inclinamos ante un maestro espiritual, no nos centramos en su persona, sino en los principios que encarna. Nos inclinamos ante ese ideal con el fin de alcanzar, también nosotros, el mismo nivel. Sólo la humildad puede hacer que progresemos. Toda semilla contiene un árbol. Pero si la semilla permanece en el granero proclamando que es un árbol, ¡servirá de alimento a los ratones! La naturaleza real de la semilla no se revela más que cuando se inclina y se hunde en la tierra.

El paraguas muestra su humildad cuando se abre presionando un botón, y gracias a ese acto de humildad nos guarecemos de la lluvia y del sol.

Siendo niños, hemos obedecido, respetado y honrado a nuestros padres, maestros y ancianos. Eso nos ha permitido desarrollarnos y crecer en sabiduría, además de cultivar buenas cualidades y hábitos. También la obediencia a su maestro espiritual le permite al discípulo alcanzar un estado de conciencia más amplio, y convertirse en el rey de reyes.

Un maestro auténtico es la encarnación de la renuncia. Si llegamos a comprender qué es la verdad, el dharma, la abnegación y el amor, es porque el maestro vive todo eso. El maestro da vida a todas estas cualidades. Obedeciendo y emulando al satgurú, desarrollamos en nosotros esas mismas virtudes.

Cuando subimos a un avión, los miembros de la tripulación nos piden que nos abrochemos el cinturón antes de despegar. No lo hacen para afirmar su superioridad, sino para asegurar nuestra seguridad. Igualmente, cuando el maestro le pide al discípulo que se auto-controle, que practique la continencia y obedezca ciertas reglas, lo hace para asegurar su progreso espiritual. Con esas instrucciones intenta protegerle de las dificultades que puedan surgir. El maestro sabe que toda caída provocada por el ego, puede poner en peligro al discípulo y, también, a los que le rodean.

Los conductores obedecen las instrucciones del policía que regula la circulación. De esa manera se evitan innumerables accidentes. El maestro salva al discípulo de situaciones que podrían conducirle a su hundimiento espiritual a causa de su egoísmo. El maestro lo instruye adecuadamente para evitar en el futuro situaciones parecidas.

La obediencia a un maestro no implica esclavitud. El único fin que persigue el maestro es la seguridad del discípulo y su liberación final. Un maestro es alguien que realmente puede mostrarnos el camino. Un maestro auténtico nunca considera al discípulo como un esclavo. Sólo siente hacia el discípulo un amor ilimitado. El deseo del maestro es ver cómo triunfa su discípulo, aunque haya tenido algunas caídas en el camino. Un maestro perfecto es una verdadera madre.

Pregunta: Los que se entregan totalmente a Dios, ¿tienen que hacer algún esfuerzo?

Amma: Hijos, sin esfuerzo, no es posible alcanzar nada. Permanecer sentados sin hacer ningún esfuerzo, diciendo que Dios se ocupará de todo, es pura pereza. Las personas que dicen que Dios se ocupará de todo, no se entregan completamente a Él. Cuando hay que trabajar, dicen que Dios se cuidará de todo; pero cuando tienen hambre, se esfuerzan por llenar su barriga, aunque tengan que robar para comer. ¡No esperan pacientemente a que Dios les traiga la comida! Su entrega a Dios se reduce a mera palabrería cuando se trata de alimentarse o de cubrir otras necesidades personales.

Dios se ocupa de todos los aspectos de nuestra vida, pero eso no significa que vayamos a lograr algún resultado, permaneciendo sentados con los brazos cruzados, cuando las circunstancias nos piden que actuemos. ¡Dios no nos ha dado la vida, la salud y el intelecto para que malgastemos la vida por nuestra pereza! Debemos estar dispuestos a trabajar de acuerdo con las instrucciones de Dios.

El fuego puede servir para incendiar una casa o para cocinar una comida. Si no utilizamos adecuadamente los dones que Dios nos ha dado, obtendremos más mal que bien. Allí dónde se requiera esfuerzo, actuad de forma apropiada, ofreciendo vuestra acción a Dios. De esa manera, obtendréis los mejores resultados.

En cierta ocasión, un discípulo salió a mendigar comida. Se pasó todo el día mendigando sin conseguir nada. A última hora, fatigado y hambriento, decidió volver e ir a ver a su maestro. El discípulo se sentía irritado con Dios porque no había recibido ninguna limosna, y le dijo a su maestro: " De hoy en adelante, no quiero depender más de Dios. Siempre nos ha dicho que obtendremos todo lo que queramos si nos entregamos a Dios. ¿Y de qué sirve refugiarse en Dios, si ni siquiera puede darme una comida? ¡No tenía que haber confiado en Dios!"

El maestro le dijo: "Te daré cien mil rupias, si me das tus ojos a cambio."

El discípulo contestó: "¡Me quedaría ciego sin mis ojos! ¿Quién va a aceptar vender sus ojos al precio que sea?"

"Bueno, dejemos los ojos. ¿Me darías tu lengua?"

"¿Cómo iba a hablar sin lengua?"

"¡Entonces dame tu brazo! Si no es posible, me conformaré con tu pierna. ¡Te daré cien mil rupias!"

"Mi cuerpo tiene más valor que todo ese dinero. Nadie desea perder ninguna parte de su cuerpo."

El maestro se dio cuenta de la actitud del discípulo, y le dijo: "Tu cuerpo posee un valor inestimable. Dios te lo ha dado sin exigir nada a cambio; y, sin embargo, tú lo criticas. Dios no te ha dado este cuerpo, de valor incalculable, para que permanezcas sentado, sin hacer nada. Tienes que llevar una vida activa, prestando una gran atención y siendo consciente de tus actos."

Tres hombres recibieron una cierta cantidad de semillas cada uno. El primero las depositó en una caja de seguridad. El segundo se las comió inmediatamente para calmar su hambre, y el tercero las plantó, regó y cultivó.

Los que permanecen sentados, ociosos, diciendo que Dios se ocupará de todo, se parecen al hombre que guarda sus semillas en una caja. Esas semillas no son de ninguna utilidad. Los perezosos constituyen una carga para el mundo, no utilizan los instrumentos que Dios les ha dado: el cuerpo, la mente y el intelecto.

El hombre que se comió los granos logró, transitoriamente, apaciguar su estómago. Eso es lo que hacen las personas que se apoyan en los objetos mundanos. Sólo persiguen una felicidad temporal. Sin embargo, la persona que supo hacer un buen uso de las semillas, que las sembró y las cultivó, consiguió alimentarse él y su familia con la cosecha que obtuvo. Más tarde, pudo volver a sembrar otras semillas y satisfacer también las necesidades de los vecinos. De igual manera, cuando comprendamos el valor real de los instrumentos que Dios nos ha dado, y los empleemos adecuadamente, podremos conseguir que nuestra vida sea útil y alcanzar la auténtica meta de la vida.

Hijos míos, entregarse a Dios es utilizar los medios que nos ha dado y actuar con sumo cuidado y atención. Permanecer ociosos, sin hacer el menor esfuerzo, es un gran pecado hacia Dios.

¿Qué dijo Krishna en el Bhagavad Gita? Dijo: "¡Arjuna, debes combatir acordándote de Mí!" El Señor no le dijo: "No necesitas hacer nada, sigue sentado ahí, que yo te protegeré." Si damos un paso hacia Dios, Él dará mil hacia nosotros. Pero, por lo general, no nos entregamos lo suficiente para dar este paso.

Hijos, recordad que es Dios quien nos da la capacidad para actuar y esforzarnos, creando las circunstancias adecuadas. Pero el éxito de nuestro esfuerzo también depende de la gracia de Dios. Por tanto, nosotros tenemos el deber de esforzarnos y ofrecer los frutos, cualesquiera que sean, a los pies de Dios.

Deberíamos ser como un trozo de madera en las manos de Dios. Puede que Dios nos trocee para fabricar un juguete o que nos utilice como madera para alimentar el fuego. Nuestra entrega a Dios debería ser de tal magnitud, que pudiéramos decir: "Que Dios haga conmigo lo que quiera. Lo aceptaré todo con alegría." Cuando tenemos esta actitud, todo lo que hacemos se convierte en una acción justa. Entonces, no nos afectará el éxito ni el fracaso. Sentiremos paz y gozo interior.

Hijos míos, intentemos esparcir los principios espirituales entre los demás practicándolos a diario. No podemos transmitir este conocimiento sólo a través de simples palabras. El tiempo que se malgasta hablando, ¡bastaría para poner en práctica estas enseñanzas! A la gente corriente le gusta imitar las acciones de los que ocupan una posición más elevada en la sociedad. Por eso es tan importante que los que gozan de esa posición, se esfuercen en ser buenos ejemplos para los demás.

Un ministro del gobierno visitó un día una pequeña aldea. Al llegar, descubrió que era la más sucia de todo el país. Pasó la noche alojado en casa del alcalde. En las calles se amontonaban montañas de basura y las alcantarillas estaban abiertas y rebosantes de agua sucia. Había en toda la aldea un terrible pestazo.

El ministro preguntó al alcalde por qué estaba tan sucia aquella aldea, y el alcalde contestó: "Las gentes de este pueblo son ignorantes, no saben lo que es la limpieza y les da todo igual. He intentado enseñarles la importancia de la limpieza, pero no me escuchan. Les he dicho que limpien la aldea, y no lo hacen. Al final, he desistido." El alcalde continuó quejándose y culpando a los aldeanos. El ministro lo escuchó pacientemente, sin decir nada. Cenaron y todos se fueron a dormir. Al día siguiente, cuando el alcalde se levantó, no pudo encontrar al ministro. Lo buscó por toda la casa, sin encontrar el menor rastro. Preguntó a los criados, pero ninguno de ellos lo había visto. El alcalde empezó a preocuparse. Salió de la casa y fue en su busca. Al final lo encontró solo, recogiendo las basuras. Las apilaba y las quemaba. Al verlo, el alcalde sintió vergüenza y se dijo: "¿Cómo voy a permanecer aquí, sin hacer nada, cuando el propio ministro está trabajando tan duro?" Se unió a él y se pusieron a limpiar la aldea. Cuando los habitantes salieron de sus casas, se quedaron sorprendidos al ver al alcalde y al ministro haciendo un trabajo tan sucio. Sintieron que no podían quedarse allí con los brazos cruzados, mirando cómo limpiaban la aldea el ministro y el alcalde. También ellos se pusieron a trabajar. En poco tiempo, toda la aldea quedó impecable. Las basuras habían desaparecido y las alcantarillas estaban limpias. No había el menor rastro de suciedad. Toda la aldea había cambiado completamente de aspecto.

Hijos míos, a menudo es más fácil enseñar con los actos que con las palabras. Tenemos que estar dispuestos a actuar, sin preocuparnos de saber si vendrá alguien a ayudarnos o no. Lo más probable es que otros se unan a nosotros y nos ayuden. Cuando nos quedamos al margen, culpando y criticando a los demás, lo hacemos por tener una mente contaminada, que contaminará así mismo a las otras mentes. Hijos míos, necesitamos actuar y no limitarnos a hablar. El cambio sólo es posible a través de la acción.

Pregunta: Se dice que deberíamos recibir con el mismo equilibrio tanto la alabanza como la crítica. Pero las escrituras también nos dicen que el Señor (Vishnu) estuvo muy contento cuando los seres celestes cantaron sus alabanzas. ¿No se sintió el Señor influenciado por las alabanzas?

Amma: El Señor nunca se siente adulado por las alabanzas. Él es la misma ecuanimidad. Los honores y los insultos son iguales para él. Si le lanzáis excrementos de perro, Él podría daros un helado a cambio. Ese es su estado espiritual, su ecuanimidad.

El Señor quería dar una lección a los seres celestes (devas). Para hacerles sufrir un poco, mantuvo los ojos cerrados durante un tiempo, después de su llegada. Los seres celestes lo llamaron varias veces, pero Él no daba la menor señal de mostrarse presente. Al final, decidieron rezarle con el corazón desgarrado, y sólo entonces abrió el Señor los ojos. Aquellas oraciones les permitieron verlo también con el corazón. No recitaban los mantras para glorificarle u obtener lo que querían; los devotos rezaban para ver al Señor. Rezaban para que les fuese concedida una revelación de la verdadera naturaleza del Ser. Y el Señor quedó encantado por la devoción inocente de sus devotos. Es imposible complacer al Señor si no sale del corazón.

Pregunta: ¿Cómo percibe el mundo un mahatma?

Amma: Una mujer enamorada asiste a una representación en la que actúa su bienamado. Mientras observa el espectáculo, disfruta de su actuación. Ella ve el personaje a través de él. Pero sigue siendo su bienamado el que ve a través del personaje, por eso le entusiasma la interpretación y está tan contenta. Así, todo lo que un mahatma ve en el mundo no es más que un papel diferente interpretado por Dios. El mahatma ve a Dios en el mundo y en cada individuo.

Pregunta: ¿Es posible cambiar el destino a través de nuestro esfuerzo personal?

Amma: Si todo lo que hacéis lo consideráis una ofrenda a Dios, podéis trascender vuestro destino. Evitad la pereza a cualquier precio, y hacedlo todo lo mejor que sepáis, sin culpar al destino. El que se niega a hacer el mínimo esfuerzo para luego acusar a la fatalidad, no es más que un perezoso.

En cierta ocasión, dos amigos se hicieron la carta astral. Se comprobó que ambos estaban destinados a morir por una mordedura de serpiente. A partir de ese día, uno de ellos se sintió hundido en la miseria, y no pensó más que en serpientes y en la muerte. Acabó enfermo mental y su familia se vio alterada. Sin embargo, su amigo, a quien le habían pronosticado la misma suerte, hizo cuanto pudo para no hundirse en la desesperación. Se dedicó a buscar una solución, un medio para evitar la mordedura de serpiente. Cuando comprendió que no podía hacer más, se refugió a los pies de Dios. Pero también empleó la inteligencia y la salud que Dios le había dado. Se quedó en su habitación y tomó todas las precauciones necesarias para prevenir su destino. Un día, en el momento en que había de ser mordido por la serpiente, se encontraba rezando y algo le impulsó, de repente, a levantarse. Al incorporarse, tropezó con un objeto afilado y se hizo un corte. Su pie había tropezado con la lengua de metal afilada de una escultura de serpiente que había en la sala. El accidente se produjo a la hora exacta en la que, según la predicción, se supone debía ser mordido. Pero, por suerte, no se trataba de una verdadera serpiente y no había veneno alguno. De esa manera, el esfuerzo que había realizado afrontando la situación y abandonándose a Dios, había cosechado sus frutos. Sin embargo, su amigo sucumbió ante el terror, incluso antes de que se produjera alguna mordedura de serpiente. Por tanto, deberíamos esforzarnos y hacer las cosas lo mejor que podamos, igual que si se tratara de una ofrenda a Dios, sin culpar al destino. De ese modo, seremos capaces de superar todos los obstáculos.

Pregunta:¿No podía Sri Krishna cambiar el pensamiento de Duryodhana y evitar así la guerra?

Amma: El Señor mostró su forma divina tanto a los Pandavas como a los Kauravas. Arjuna fue capaz de percibir su grandeza infinita, pero no así Duryodhana. Éste cometió un pecado al considerar que la visión que le había concedido Krishna era un simple juego de magia. Cualquier cosa que haga un mahatma, no producirá beneficio alguno a los que se nieguen a rendirse a Dios. Los consejos espirituales sólo pueden darse de acuerdo con las cualidades y el carácter del aspirante espiritual. A Duryodhana sólo le importaba la realización del cuerpo, lo que podía aportarle la conciencia del cuerpo. No estaba dispuesto a oír la más mínima verdad espiritual. No creía que el Señor Krishna hablara por su bien; estaba convencido de que el Señor se inclinaba a favor de los Pandavas. La guerra era el único medio para destruir el ego de un ser adhármico como Duryodhana.

Pregunta: ¿No es inútil rezar antes de que la mente se vuelva pura?

Amma: Hijos míos, no alberguéis pensamientos de este tipo: "He cometido tantas faltas en mi vida, que no puedo rezar porque no tengo una mente pura. Rezaré cuando mi espíritu sea puro." Si decidís no bañaros hasta que no haya olas en el mar, nunca aprenderéis a nadar. No se aprende permaneciendo en la orilla. No hay más remedio que zambullirse en el agua. Imaginad que un médico le dijera a un enfermo: "¡Venga a verme cuando esté curado!" ¿De qué nos sirve? Si vamos al médico es para que nos cure la enfermedad. Dios purifica nuestra mente, por eso nos refugiamos en él. Sólo Dios puede hacer que se purifique la mente.

De nada sirve sentir remordimientos por cómo hemos vivido hasta el presente. El pasado es como un cheque anulado. Hay lápices que en un extremo tienen una goma para borrar rápidamente lo que acabamos de escribir. Pero no podemos borrar más que una sola vez, pues si borramos de nuevo sobre lo ya corregido, acabaremos rasgando el papel. Dios perdona los errores que cometemos por ignorancia, pero si repetimos nuestra falta después de comprender que se trata de una acción incorrecta, eso constituye una falta mucho más grave, que deberíamos evitar.

Pregunta: Se nota cierta irritación entre los que realizan práctica espiritual. ¿Cómo pueden librarse de ella?

Amma: Para superar la irritación, no basta con meditar o repetir un mantra. Los que pasan su tiempo en soledad, dedicados únicamente a la práctica espiritual, se asemejan a un árbol aislado bajo el calor tórrido del desierto. El mundo no se beneficia de su sombra. Estas personas deberían abandonar su aislamiento, vivir en medio del mundo y esforzarse por ver a Dios en todo. Si ponéis piedras de diferentes formas en una pulidora y la hacéis rodar, las piedras perderán sus aristas cortantes al rozarse las unas con las otras. Se volverán suaves y hermosas. De igual manera, un buscador debería salir al mundo a batallar, por decirlo de algún modo, y llegar a desarrollar una cierta madurez interior. Sólo los que progresan dentro de este mundo tan diverso, pueden decir que han triunfado.

Los seres valientes no se alteran ante situaciones que normalmente suscitan irritación. Si alguien se dedica a la práctica espiritual en soledad y afirma que no se altera, eso no significa nada y no es una señal de valor. Vuestras tendencias negativas no desaparecen porque hagáis práctica espiritual retirados en alguna parte. Una cobra aletargada por el frío no levantará su cabeza para morder, pero tan pronto recibe el calor del sol, cambia su naturaleza. El chacal puede hacer el voto de no volver a aullar cuando vea a un perro, pero se olvidará de su voto en cuanto se mueva por el bosque y vea la cola de un perro. Debemos ser capaces de dominar nuestra mente, incluso en las circunstancias más adversas. Es así cómo se puede medir el progreso espiritual. En algún momento de la práctica, el aspirante se puede sentir como un niño castigado en su dormitorio y es probable que aumente su irritación. Pero este obstáculo se vence practicando en presencia de un maestro.

Pregunta: ¿Acaso no solían irritarse algunos sabios?

Amma: Su ira destruía el ego de la gente. Era la expresión de su compasión. No se puede comparar la ira de un sabio con la de otras personas. La finalidad que persigue el maestro con su ira es destruir la inercia (tamas) del discípulo. Si una vaca está comiéndose unas plantas preciosas y le rogáis gentilmente: "Querida vaca, por favor, no te comas esta planta, déjala tranquila." Es muy probable que la vaca no se mueva. Pero si os mostráis severos y le gritáis, se irá. Vuestra severidad aleja a la vaca, que carece de discernimiento, del mal que estaba causando. Sucede lo mismo con la ira de un maestro perfecto. Es aparente, no procede de su interior. Su ira es como un jabón que limpia la mente del discípulo. El maestro sólo pretende que el discípulo avance. Una cuerda o una piel de limón, quemadas por el sol, parece que tengan una forma pero, nada más tocarlas, se desmoronan convertidas en polvo. La ira de un sabio no es real, es un acto deliberado para guiar a los demás por el camino recto.

Conversaciones con Amma

Pregunta: Amma, visitamos los templos y venimos a verte. ¿Es suficiente para progresar espiritualmente o también tenemos que meditar y repetir un mantra?

Amma: Hijos míos, no penséis que vais a encontrar paz mental viniendo aquí sin más, aunque lo hagáis durante años. Tampoco la conseguiréis visitando un templo mil veces. De nada sirve culpar a Dios y lamentaros porque hayáis acudido al templo durante cuarenta años, sin conseguir ningún beneficio. Hasta que vuestro corazón no sea puro, no obtendréis ningún logro. No tiene sentido que vengáis al ashram pensando en todo lo que tenéis que hacer después, y estéis impacientes por marchar. Cuando vayáis al templo o vengáis aquí, repetid vuestro mantra, haced el archana (recitado de los nombres divinos), meditad y cantad bhajans. Sólo así recibiréis los beneficios. Sintonizad vuestro corazón con la conciencia divina. Nadie alcanza la liberación por visitar Benares o Tiruppati[23] para bañarse en sus aguas o circunvalar sus templos.

Si se alcanzara automáticamente la liberación en Tiruppati, todos los que han montado alguna tienda o negocio en torno al templo, estarían librados. También lo estarían los asesinos y ladrones que viven en Benares. Para que nuestro viaje a esos u otros

---

[23] Lugares sagrados de la India. Tiruppati es uno de los centros de peregrinación más importantes del sur de la India. Allí se encuentra un famoso templo dedicado a Venkeshvara, el dios Vishnu.

lugares resulte beneficioso, debemos purificar nuestro corazón. Pero eso no suele ser frecuente en nuestros días. El cemento fraguará si la arena utilizada es pura. De forma parecida, sólo si nuestro corazón es puro, podrá acudir Dios y permanecer en él. Para purificar la mente hay que concentrarla en Dios, ya sea recitando un mantra, meditando o rezando.

Una cadena de televisión difunde diferentes programas pero para recibirlos correctamente tenemos que sintonizar nuestro receptor. Si no lo sintonizamos, no podemos acusar a los demás por no ver nada. La gracia de Dios está siempre con nosotros pero, para recibirla, tenemos que sintonizar primero con la conciencia divina. Si no lo hacemos, no podemos acusar a Dios. Mientras no sintonicemos con la conciencia divina, sólo tendremos notas discordantes de ignorancia, y no la música divina de Dios, en nuestro interior. Dios desborda compasión. Intentemos modelar nuestro corazón. Eso es lo que necesitamos hacer.

Pregunta: Amma, no he encontrado paz ni felicidad en esta vida. Sólo veo sufrimiento. Me pregunto si merece la pena seguir viviendo.

Amma: Hija mía, la causa de tu sufrimiento es tu ego. Dios, que es el verdadero manantial de paz y felicidad, está en nosotros. Podemos conocer a Dios a través de la práctica espiritual, siempre que abandonemos el ego. Imagina que caminas bajo el sol y no puedes dar un paso más por el calor que hace. Te quejas pero ¡llevas un paraguas sin abrir bajo el brazo! Así es nuestra situación actual. Si hubieras abierto el paraguas, no estarías extenuada por el sol. Dentro de ti reside la fuerza espiritual y todas sus cualidades, pero sufres porque no eres consciente de lo que posees. De nada sirve acusar a la vida. Basta con liberarse del ego y situar a Dios en su lugar. No hay necesidad de ir a ninguna parte en busca de paz. Dios es la verdad y los nobles ideales. En una mente dominada por el sentido del "yo" no hay espacio para esos nobles ideales. El ego debe ser erradicado a través de la humildad. Entonces, gracias al poder que habita en nosotros, sentiremos la paz interior. Un metal puede ser modelado como deseemos, si lo calentamos en el fuego. Igualmente, ofreciendo nuestro ego en el fuego de Dios, podremos transformarnos y volver a nuestra verdadera naturaleza.

Pregunta: Amma. ¿Podemos realmente encontrar la paz interior por medio de la práctica espiritual?

Amma: La práctica espiritual por sí sola no os aportará la paz interior. También tienes que desechar el ego. Sólo así sentiréis los beneficios de vuestra práctica y encontraréis la paz mental. Os podéis preguntar: "¿Todos los que rezan o cantan canciones devocionales encuentra la paz?" Para fortalecer tu mente, primero tienes que asimilar los principios espirituales y, después, rezar o cantar. La practica espiritual sólo beneficia a los que, tras estudiar las escrituras y oír las enseñanzas espirituales, alcanzan una cierta comprensión de sus principios y los aplican en su vida diaria. Había una vez un asceta que vivía alterado porque un pájaro perturbaba su meditación. A pesar de sus muchas austeridades, le bastó un instante para inflamarse de ira y matar aquel pájaro. Si practicáis sin una comprensión de la espiritualidad y sin asimilar las enseñanzas de algún mahatma, todo lo que conseguiréis será orgullo e ira.

Pregunta: He rezado a casi todas las deidades que conozco. He recitado mantras dedicados a Shiva, a Devi y a otras muchas deidades, y no parece que me haya servido de mucho.

Amma: Una persona que estaba sedienta y no tenía agua, fue a pedir consejo. Alguien le dijo: "Cava aquí y encontrarás agua rápidamente." Cavó durante un rato y no encontró agua. Intentó a continuación en otro lugar, y tampoco tuvo éxito. Eligió un tercer emplazamiento, y el resultado fue el mismo. De esa manera, se dedicó a hacer numerosos agujeros en vano hasta terminar exhausta. Alguien que pasaba por allí vio a aquella persona tumbada en el suelo y le preguntó "¿Qué te ocurre?". Ella respondió: "Estoy agotada de cavar por todas partes buscando agua. Sólo he conseguido aumentar mi dolor. Al principio tenía sed, pero ahora ya no tengo ni fuerzas para moverme, estoy agotada." El transeúnte le contestó: "Si hubieras tenido paciencia y hubieras cavado un poco más en el primer agujero, habrías encontrado agua en abundancia. En cambio, te has dedicado a cavar superficialmente en muchos sitios, y ahora te sientes decepcionado." Eso es lo que sucede cuando se reza a diferentes deidades. Apenas obtienes resultados. Pero si cuando rezas piensas que todos los dioses son uno y el mismo Dios, entonces podrás progresar. La dificultad estriba en ir cambiando constantemente de una a otra forma para concentrar tu meditación.

Un hombre compró un estolón de una cierta variedad de mango que, por lo visto, tenía que dar frutos al cabo de tres años. Lo plantó y lo cultivó debidamente. Pero cuando el árbol estaba a punto de florecer, lo arrancó y puso otro retoño en su lugar. ¡Faltaban tan sólo dos días para que se cumplieran los tres años! No tuvo la suficiente paciencia. Entonces, ¿cómo iba a obtener el mínimo fruto? Del mismo modo, hija mía, tú tampoco has tenido la paciencia necesaria. Has visitado muchos lugares, has recitado diferentes mantras y te has concentrado en muchas deidades a la hora de meditar. Y, por tanto, no has cosechado ningún fruto. Además, has rezado a Dios para conseguir una mayor prosperidad material, y no por sentir una verdadera sed de Dios. La devoción que sólo busca el éxito material, no es verdadera devoción. Hija mía, has meditado en los objetos que deseabas, y no realmente en Dios. Por eso te has dedicado a correr de un sitio para otro. Has recitado un mantra, pero al no conseguir ningún resultado, has cambiado a otro. Y cuando este último no te ha servido, has vuelto a cambiar ¿Qué has conseguido? ¡Perder el tiempo inútilmente! Hija mía, tú sólo deseabas el oro del palacio del rey. No amabas al rey. Si hubieras amado al rey, habrías conquistado al rey y su oro. De haber amado únicamente a Dios, lo habrías obtenido todo. Pero no amabas a Dios, sólo deseabas el oro. Si hubieras hecho tu práctica espiritual sin apegarte a nada, renunciando a todos los deseos, abandonándolo todo a los pies de Dios y pensando que todo procede de la voluntad divina, serías ahora la reina de los tres mundos. Pero tú sólo deseabas riquezas materiales, al igual que Duryodhana, que únicamente quería el reino para gobernar sobre sus súbditos ¿Qué fue lo que obtuvo? Él y sus partidarios lo perdieron todo. En cambio, ¿qué sucedió con los Pandavas? Consideraban al Señor su único refugio y, gracias a esa actitud, consiguieron la ayuda del Señor y el reino. ¡Abandona la búsqueda de la felicidad externa! Cuando tienes a Dios, todo viene a ti. Renuncia sinceramente a todo. Practica con paciencia y obtendrás los frutos de tu práctica y también la riqueza material. No se pueden esperar resultados inmediatos repitiendo el mantra durante un corto periodo de tiempo. Necesitas tener paciencia y una actitud de entrega.

Pregunta: Amma, algunos dicen que llorar por Dios cuando se reza o se canta con devoción es una debilidad. Se preguntan si no es una pérdida de energía igual que cuando se habla.

Amma: Un huevo se fríe gracias al calor del fuego, pero eclosiona por el calor de la gallina. Aunque en los dos casos hablamos de calor, el resultado es muy diferente, ¿no os parece? Las conversaciones inútiles nos hacen perder energía, mientras que las oraciones y los cantos devocionales nos permiten concentrar la mente y ganar energía. ¿Cómo vamos a considerarlo una debilidad? A medida que se consume una vela, el resplandor de su llama se hace más vivo. De igual forma, rezar y cantar con un corazón que se consume de amor, nos lleva al estado de unión con la Verdad Suprema. Llorar por Dios no es ninguna debilidad.

Pregunta: Amma, ¿perdemos energía con nuestros pensamientos?

Amma: A través de los pensamientos espirituales ganamos fuerza y conseguimos que nuestra mente sea más poderosa. Dios representa todas las buenas cualidades: el auto-sacrificio, el amor y la compasión. Cuando pensamos en Dios, se despiertan en nosotros estas virtudes y nuestra mente se abre. Pero cuando pensamos en cosas materiales, la mente se sumerge en lo material y pasa de un objeto a otro. Nuestros sentidos se dejan arrastrar por el vagabundeo de la mente; desarrollamos malos hábitos y nuestra mente se contagia. Y cuando no conseguimos lo que deseamos, nos debilitamos y alteramos todavía más, perdiendo nuestra fuerza interior.

Cada vez que utilizamos un encendedor, pierde un poco de su carburante. Igualmente, cada vez que hablamos de algo que refuerza nuestros deseos mundanos, se debilita nuestra mente y malgastamos energía. Sin embargo, cuando hablamos o reflexionamos sobre temas espirituales es como si cargáramos una pila. Así, en un caso perdemos energía y en el otro la ganamos.

Pregunta: Se dice que una mujer no debería ir al templo ni asistir a una puja durante la menstruación. ¿Es cierto? ¿Acaso no está presente Dios en todas partes? No parece que Dios esté confinado en un lugar concreto.

Amma: Dios es omnipresente. Dios está en todas partes, siempre. Pero debemos considerar ciertas cuestiones como la pureza y la impureza. La pureza exterior conduce a la pureza interior. Cuando una mujer tiene la menstruación, su mente no está en calma. Su cuerpo siente la fatiga, como cuando está embarazada. Necesita descansar durante ese período de tiempo. Una mujer que tiene la regla no suele, por lo general, concentrarse adecuadamente al hacer la puja. Pero si tiene la fuerza y la concentración necesarias, puede muy bien asistir a la puja.

Se producen numerosos cambios en el cuerpo de la mujer durante su menstruación. Algunas toxinas están presentes en el cuerpo. Uno de los hijos americanos de Amma se negó, en un primer momento, a creer lo que Amma afirmaba al respecto. Pero cuando regresó a los Estados Unidos, oyó hablar de un experimento científico. Se pidió a varias mujeres que recogieran flores de una misma planta. Algunas tenían la regla y otras no. Las flores recogidas por las mujeres que la tenían se marchitaron más deprisa que las otras. Aquel hijo creyó en las palabras de Amma, tras conocer este experimento.

Amma ha conocido a muchas personas y, además, habla basándose en su experiencia. En nuestros días, la gente sólo cree lo que aparece en los periódicos. Aunque alguien venga y les diga: "He visto caer un bebé al agua", no se lo creerán; más bien responderán: "Veamos si está en el periódico."

Es conveniente que una mujer continúe recitando su mantra durante la regla, pero es mejor que no vaya al templo. Amma da este consejo pensando en la pureza de la atmósfera del templo. Cuando vais a un templo, no tenéis la misma actitud que si vais a una oficina o restaurante. El concepto global de templo es bien diferente, y esa santidad debería ser preservada.

Dios es como el viento. El viento sopla por todas partes, sin distinguir entre flores o excrementos. Para Dios, no hay diferencia entre pureza e impureza. Pero es importante que nosotros tengamos conciencia de su existencia, pues sólo así progresaremos.

Pregunta: Amma, ¿por qué algunos siguen sufriendo después de refugiarse en Dios? ¿Por qué no satisface Dios los deseos de todos?

Amma: Actualmente, muchos se refugian en Dios sólo para satisfacer sus deseos. No dirigen su amor hacia Dios, sino hacia los objetos del mundo. A causa de sus deseos, procedentes de su egoísmo, apenas tienen compasión hacia los demás. ¿Cómo va a entrar la gracia de Dios en el corazón del que no siente ninguna compasión por su prójimo? ¿Cómo va a liberarse esa persona del dolor? Si no rezáis a Dios más que para satisfacer vuestros deseos, no seréis liberados del sufrimiento. Si queréis ser liberados, rezad para que aumente vuestra fe y amor por Dios. Sólo entonces satisfará Dios todas vuestras necesidades. Nuestro amor no debería centrarse en los objetos ordinarios del palacio real; sino en el mismo rey. Si conseguimos el amor del rey, todos los tesoros del palacio serán nuestros. Cuando recemos a Dios, no lo hagamos para obtener un trabajo, una casa o un hijo. Más bien, tendríamos que decirle: "Dios, quiero que seas mío." Si tenemos a Dios, si obtenemos su Gracia, entonces los tres mundos se pondrán a nuestros pies. Se nos otorgará el poder de reinar sobre ellos. Pero para lograrlo, es necesario que nuestros pensamientos, palabras y obras sean bondadosos.

Hijos míos, rezad sólo por Dios. Es el único medio de encontrar la satisfacción eterna. Todo lo que cae en el azúcar se vuelve dulce. Igualmente, como Dios es gozo supremo, nuestra proximidad a Dios nos contagiará de su dicha divina. Si cogéis a la abeja reina, todas las demás abejas la seguirán. Refugiaos en Dios, y todos los bienes espirituales y materiales serán vuestros.

La fe y la devoción de los que se dirigen a Dios para satisfacer sus deseos, crece en la medida en que se cumplen sus deseos. Pero cuando no lo consiguen, pierden totalmente la fe que tenían.

¿Cómo se pueden satisfacer los deseos de todos? Un médico anhela tener muchos pacientes y reza cada día para conseguirlo. Si al final no tiene enfermos, es posible que pierda la fe. Al mismo tiempo, los enfermos rezan para recuperar la salud y no tener que ir al médico. El empresario de pompas fúnebres reza para que haya cadáveres que transportar, y el fabricante de féretros hace la misma oración. ¿Y qué hacen los demás? ¡Rezar para no morirse nunca! ¿Cómo van a ser atendidas tantas oraciones contradictorias entre sí? Un abogado reza para tener nuevas causas y los demás para evitar tener que enfrentarse a los tribunales. En el mundo se producen situaciones contradictorias de este tipo. Sería difícil satisfacer los deseos de todos. Sin embargo, no es tan difícil, en este mundo de contradicciones, saborear la paz y la felicidad interior. Lo que tenemos que hacer es asumir los principios espirituales y vivir de acuerdo con ellos.

El que ha estudiado agricultura podrá fácilmente cultivar cocoteros. Si los árboles enferman, se da cuenta de inmediato y los cuida. De forma parecida, si domináis bien los principios espirituales, sabréis avanzar seguros por esta vida y afrontar las dificultades.

Cuando compráis una máquina, os dan un manual de instrucciones. Si desconocéis la máquina y empezáis a utilizarla sin leer las instrucciones, os arriesgáis a estropearla. Los mahatmas y los textos espirituales nos enseñan cómo vivir correctamente en este mundo. Si seguimos sus enseñanzas, nuestra vida alcanzará su plenitud. En caso contrario, la echaremos a perder.

Pregunta: Amma, se dice que Dios es la fuente de toda compasión. ¿Por qué, entonces, envía Dios terribles enfermedades y hace sufrir a la gente?

Amma: Dios no es la causa de ninguna enfermedad, ni castiga a nadie. Es el egoísmo el que engendra la enfermedad. ¡Pensad en la cantidad de malas acciones que se cometen por puro egoísmo! Al final, se tienen que pagar las consecuencias.

Para aumentar su comodidad, los humanos han desarrollado un entorno artificial. Se utilizan fertilizantes químicos para aumentar las cosechas, y también se añaden productos químicos para obtener productos de mayor tamaño y más rápido crecimiento. Los frutos no pueden dar su sabor y aroma naturales cuando se desarrollan por medios artificiales. Tampoco hemos excluido a los animales de estos tratamientos. Las plantas y los animales sometidos a tratamiento químico no son los únicos que sufren sus efectos nocivos. También los padecen los seres humanos que se alimentan con los productos contaminados.

Las drogas también causan enfermedades. El alcohol y el cannabis destruyen ciertos elementos en el esperma del hombre y lo debilitan. Muchos hijos que nacen de ese esperma sufren enfermedades y malformaciones. La atmósfera contaminada actual es otra causa de enfermedad. El aire y el agua están contaminados por gases tóxicos y desechos. Respiramos y bebemos elementos contaminados. Apenas encontramos algo que mantenga su grado de pureza original. Y todo esto debido al egoísmo de los seres humanos. No es Dios quien provoca tantas enfermedades, sino las acciones incorrectas de la gente, originadas por su egoísmo y comportamiento antinatural. No tiene sentido culpar a Dios.

Por su creciente egoísmo, los humanos están cavando su propia tumba. Cavan bajo sus propios pies y acabarán cayendo en el agujero. No tienen conciencia de este hecho. Los que quieren el doble de todo, ya sea comida o riqueza, están arrebatando, en realidad, lo que pertenece a otros. A causa de su codicia, los demás no tienen suficiente para cubrir sus necesidades. Los egoístas no están nunca en paz. Su vida actual es un infierno pero, tras su muerte, conocerán un infierno todavía peor[24].

La naturaleza ha perdido su ritmo y armonía, pues está impregnada por el aliento de los egoístas, que han perdido su bondad y el sentido de la verdad. Actualmente, cuando llueve, cae

---

[24] Para Amma el infierno no señala un estado eterno. Es un estado temporal en el que se sufre y se consumen los frutos de las acciones negativas.

agua a cántaros; y cuando brilla el sol, lo hace con tal intensidad que todo se seca. La agricultura no funciona como debiera. Proteger la naturaleza es un deber de la humanidad. Pero, ¿quién se preocupa hoy? Nuestra felicidad actual es bien transitoria. Si continuamos olvidando nuestro dharma y dañando a la Madre Naturaleza, las consecuencias serán diez veces más graves que ahora. Pero, incluso entonces, la gente acusará a Dios, en lugar de intentar mejorar.

Hijos míos, la auténtica sabiduría supone conocer la mente, conocer el Ser. Eso nos enseñará a poner en práctica los principios divinos en nuestra vida. Casi nadie se esfuerza, hoy en día, por adquirir esa sabiduría. Y, sin embargo, es lo que necesitamos aprender ante todo. Si aprendéis a lanzar flechas antes de ir a cazar, no las malgastaréis después y evitaréis ser atacados por fieras salvajes. Cuando comprendéis cómo se debe vivir, vuestra vida adquiere realmente sentido.

Si antes de emprender un viaje, os informáis del camino a seguir, no os perderéis, ni os veréis obligados a errar sin fin. De igual manera, también es necesario hacer el plano de una casa antes de construirla. Así, la paz interior impregna la vida de los que han adquirido una verdadera comprensión de la mente. Pero a la gente egocéntrica no les interesa esto, ni les preocupa el bien del mundo. Sólo desean su propia felicidad; pero ésta será pasajera, ya que no conseguirán la auténtica felicidad.

Hijos míos, amar realmente a Dios es tener compasión hacia los pobres y servirles. El mundo entero se arrodilla ante los que viven desinteresadamente, ante los que ponen su egoísmo a los pies de Dios. Cuando recemos, sólo Dios debería estar presente en nuestro corazón, no permitamos que haya espacio para nada más. Amma ha visto cómo algunas personas salen corriendo en busca de un bar, nada más terminar sus oraciones en el templo. También ve cómo algunos de los que vienen a visitarla, salen cada cinco minutos del ashram para ir a fumar. Ni siquiera pueden renunciar a cosas tan insignificantes. ¿Cómo van a encontrar a Dios de esa manera?

Pregunta: Cada persona tiene su propio concepto de Dios. ¿Qué es Dios, en realidad?

Amma: Es imposible describir la naturaleza de Dios o sus atributos. Dios tiene que ser experimentado. ¿Acaso podemos explicar con palabras el sabor de la miel o la belleza de la naturaleza? Para conocer sus cualidades, tenemos que saborearlas. Dios está más allá de las palabras, más allá de toda limitación. Dios está en todas partes y en cada uno de nosotros. Dios está presente en todo, en los seres animados e inanimados. No podemos decir que Dios tenga una forma particular, ni decir que Dios sea esto o aquello. Lo que llamamos Brahman es Dios. Brahman impregna todo el espacio que podamos concebir y mucho más.

Pregunta: Pero para pensar en Dios, ¿no necesitamos algún concepto?

Amma: Dios está mas allá de todo atributo. Es imposible describir a Dios. Pero para ayudar a nuestra mente a comprender quién o qué es Dios, le atribuimos ciertas cualidades. Las mismas cualidades que se manifiestan en algunos mahatmas, como Sri Rama y Sri Krishna. Entre ellas están la veracidad, el dharma, el auto-sacrificio, el amor y la compasión. Estas virtudes son Dios. Cuando se desarrollan en nosotros, Dios revela su naturaleza. Pero para que se manifiesten en nosotros, es necesario desprenderse del ego. Aunque los frutos y las flores estén contenidos en la semilla, ésta tendrá que hundirse en el suelo y eliminar su envoltura (el ego) para que la semilla crezca y dé flores y frutos. Cuando se quiebre la envoltura y la semilla se transforme en árbol, todos se beneficiarán. Un árbol nos sigue beneficiando con su sombra, incluso mientras lo estamos cortando.

Cuando vuestra renuncia sea de tal magnitud que vuestro corazón llegue a ser como un espejo, conoceréis la forma de Dios y experimentaréis su belleza. Los atributos de Dios se reflejarán en vosotros.

Pregunta: Pero, entonces, ¿por qué se dice que Dios es sin atributos?

Amma: Dios es sin atributos. Pero la gente corriente necesita un upadhi (un medio, un instrumento o símbolo) para comprender a Dios. Imagina que tienes sed y quieres beber agua. Necesitarás un recipiente para el agua. Cuando hayas bebido, abandonarás el recipiente. Es muy difícil comprender a Dios como nirguna (sin atributos). Dios asume, por tanto, la forma en la que el devoto lo visualiza. Es más fácil para nosotros acceder a Dios como saguna (dotado de atributos). Igual que una escalera nos permite subir a un árbol, el upadhi nos ayuda a alcanzar la meta última.

Pensemos en alguien que no puede trepar a un mango. Esta persona también podrá recolectar los mangos con la ayuda de un palo largo provisto de un gancho. De igual manera, necesitamos un instrumento que haga surgir nuestras buenas cualidades. A través de esos instrumentos o símbolos se manifiesta el poder de Dios. En realidad, Dios es sin atributos. Si derramas chocolate en un molde, obtendrás una forma definida y visible; pero, si la expones al calor, se derretirá de nuevo y la forma desaparecerá.

Pregunta: Se dice que Dios habita en nuestro corazón. ¿Es cierto?

Amma: ¿Cómo podemos decir que Dios habita en un lugar determinado, cuando Él es todopoderoso y omnipresente? Intentad meter una gran bolsa en el interior de un vaso minúsculo. La mayor parte de la bolsa se quedará fuera del vaso y lo cubrirá.

Si sumergís un cántaro en el río, tendrá agua en su interior y en el exterior. Igualmente, Dios no puede estar limitado por una forma, sea la que sea. Él trasciende todas las formas. ¿Cómo va a ser posible tener algún concepto real de Dios, si está más allá de todos los símbolos, de todas las limitaciones? Por nuestra conveniencia y para ayudarnos a visualizar a Dios, decimos que algo es la morada de Dios. Algunos creen que Dios mora en el corazón y consideran que Dios está en el corazón. Otros creen que Dios reside en un edificio concreto y, para ellos, Dios está en ese edificio. Todo depende de la imaginación de la persona. Cuando Mira recibe un veneno y lo considera como prasad de Dios, el veneno deja de serlo. Prahlada veía a Dios en todas partes, hasta en un pilar o en una brizna de paja. Los que lleguen a comprender que Dios está presente en todo momento y que lo impregna todo, experimentarán realmente a Dios. Sin esta fe, es imposible realizar a Dios.

Pregunta: ¿Por qué se dice que entre todos los seres vivos, Dios se refleja con mayor claridad en los humanos?

Amma: Sólo los humanos poseen la facultad de discernir. Cuando una mariposa nocturna ve el fuego, se acerca pensando que es alimento y perece. Pero un ser humano hace uso de su discernimiento. Los humanos fueron conscientes de la utilidad del fuego y aprendieron a utilizarlo para cocinar. Para los que tienen el poder de discernir, el fuego es útil; mientras que para los demás, resulta peligroso. El fuego ayuda a los seres humanos pero, al mismo tiempo, destruye a la mariposa. Todo objeto del universo tiene, por tanto, un lado positivo y otro negativo. Los que distinguen la parte positiva de todas las cosas comprenden realmente el principio de Dios. Esos seres benefician el mundo.

Pregunta: Amma, ¿qué se entiende por moksha (liberación)?

Amma: La felicidad eterna es conocida como moksha. Puede ser experimentada aquí, en esta tierra. El cielo y el infierno existen aquí, en la tierra. Si no hacemos más que buenas acciones, también seremos felices tras la muerte.

Los que tienen conciencia del Ser disfrutan de un estado de dicha constante. Encuentran esa dicha en sí mismos, la sienten en cada una de sus acciones. Son valerosos y sólo hacen el bien, sin que les preocupe la vida o la muerte. No les afecta el sufrimiento que pudieran padecer, ni el mal que otros les pudieran causar. Allí dónde se encuentren, viven de acuerdo con la verdad. Si encarceláis a un sannyasi, también se sentirá feliz allí. Tales seres ven a Dios en las acciones de los demás. Ninguna prisión puede encadenarlos. No se quejan nunca de nadie. Viven a cada instante conscientes del Ser.

El renacuajo sólo puede vivir en el agua, pero cuando desaparece su cola se convierte en rana y, entonces, puede vivir tanto en el agua como fuera de ella. Es imposible ser liberado del samsara (el ciclo de muertes y renacimientos) mientras nos resistamos a mantener nuestro ego, al igual que el renacuajo mantiene su cola. Cuando perdáis el ego, gozaréis de la felicidad eterna, tanto si seguís en vuestro cuerpo como si lo habéis abandonado.

Si una pelota de caucho cae al agua, flota y se deja llevar. Si está en tierra, actúa de igual manera, pues no está sujeta a nada. Igualmente, la naturaleza de los que están establecidos en la conciencia del Ser es especial. Para ellos, la noche y el día son idénticos. Su dicha reside en ellos mismos, y no en ningún objeto externo. La liberación consiste en esa actitud interior.

Cuando se nace en un cuerpo, estamos sujetos a experimentar alegría y sufrimiento, pues esa es la naturaleza de la vida. Alegría y sufrimiento se alternan de acuerdo con nuestras acciones. La naturaleza del agua es su frescor, como la del fuego su calor. La naturaleza del río es fluir. El río fluye constantemente, sin detenerse en ninguna parte. Así es la naturaleza de la vida: felicidad y dolor. Cuando comprendáis esto, aceptaréis con la misma alegría el dolor como el placer, cuando se presenten. Quienes lo consiguen, no se ven afectados por ningún obstáculo que surja en este mundo. Siempre están gozosos. Esto es la liberación. Una vez, dos viajeros decidieron pasar la noche en un albergue que tenía una charca. Uno de ellos no podía soportar el ruido que hacían las ranas y las cigarras. Al ver su inquietud, su compañero le dijo: "Las ranas croan y las cigarras cantan de noche, pues han sido creadas de esa forma. No podemos cambiar su naturaleza. ¿Para qué vamos a ponernos nerviosos? Lo mejor será irse a dormir." Tras estas palabras, se fue a acostar. Pero el otro hombre, incapaz de pegar ojo, abandonó el albergue y fue a buscar un sitio más tranquilo para dormir. No consiguió dormir en ninguna parte, pues allí donde iba siempre encontraba algún ruido que le molestaba. Su amigo ignoró el ruido y durmió serenamente, pues era consciente de la naturaleza propia de las ranas y las cigarras. De forma parecida, cuando comprendamos que todo lo que otros digan, se debe a su propia naturaleza, no nos sentiremos desdichados por ello. Si desarrollamos esa actitud, seremos capaces de superar todos los obstáculos con alegría.

En nuestros días, los seres humanos no experimentan paz interior a causa de los conflictos que albergan en su mente. Para evitar tales conflictos, tenéis que llegar al conocimiento de la mente, que no es otro que el de la espiritualidad. El que ha estudiado agricultura no tiene dificultad alguna para plantar y cultivar árboles, o bien cuidar un árbol enfermo. Sin embargo, si os lanzáis a plantar árboles sin ningún conocimiento, lo más probable es que se mueran casi todos los árboles que plantéis. Así, cuando sepáis cuál es la meta de la vida humana, no malgastáis la vuestra. Obtened el conocimiento espiritual, y alcanzaréis la liberación aquí, en esta tierra, y en el más allá.

Si cuando viajáis conocéis el camino a seguir, no perdéis el tiempo. En caso contrario, necesitáis mucho más tiempo para llegar. Si os perdéis y camináis errantes, no tendréis paz mental, estaréis siempre preocupados por saber si llegaréis o no a vuestro destino. Lo mejor es viajar conociendo bien la ruta, y conseguiréis que el viaje sea tranquilo y placentero.

Hace mucho tiempo, la sabiduría espiritual se enseñaba en las gurukulas, a la vez que otros conocimientos. Los que recibían esta formación espiritual no se veían sometidos a los conflictos internos; estaban en paz. Cualquiera que gozara de su compañía notaba también esta paz. Eran seres desprovistos de toda codicia, libres de todo engaño. Pero la situación actual es bien diferente. Los humanos han aprendido a climatizar su entorno físico, pero no saben cómo climatizar su mente. No logran dormir en sus dormitorios climatizados, y tienen que recurrir a pastillas, alcohol o drogas para olvidarse de sus problemas. Cuando tengáis el conocimiento y la sabiduría espiritual, no necesitaréis todo eso. Vuestra mente estará siempre en paz, ya viváis en una choza o en un palacio, pues esa sabiduría espiritual supone un conocimiento de la mente.

Si anheláis la paz infinita, discernid entre lo eterno y lo efímero. Si alimentamos a una serpiente hemos de saber que nos puede morder. No debemos olvidar que se trata de una serpiente y que acabará mordiendo, pues esa es su propia naturaleza. Si tuviéramos conciencia de la naturaleza real de los seres humanos, no nos sentiríamos decepcionados al tratar con ellos. Mientras interactuemos con el mundo, seamos conscientes de su auténtica naturaleza.

Un director de banco sabe que el dinero que administra no le pertenece. Entrega y recibe millones de rupias sin inmutarse, pues su único deber es custodiar el dinero. Muchos clientes acuden a pedirle préstamos. Algunos le ofrecen todo tipo de regalos y se muestran afectuosos y amables. Pero no se trata de amor, ni se puede considerar que esas personas sean realmente sus amigos. Sabe que no dudarían en acusarlo falsamente y llegar a encarcelarlo, si eso les aporta algún beneficio. Así es la naturaleza del amor humano. Cuando esas personas le muestran algo de amor, lo hacen movidas por su deseo de felicidad. Pero estarían dispuestas a destruir nuestras vidas si de esa manera obtienen algún provecho. Dios es nuestra única y verdadera familia. El Ser es nuestro único amigo. Si comprendemos esa verdad, no tendremos problemas y seremos capaces de recorrer el camino hacia la liberación. Sentirse libre de todo apego, eso es la liberación. Por tanto, realizad todas vuestras acciones como un deber, sin pensar en la liberación y manteniendo la mente concentrada en Dios.

Pregunta: Amma, ¿qué es maya?

Amma: Todo lo que no os aporta una paz duradera es maya (ilusión). Ninguno de los objetos que percibimos a través de los sentidos pueden darnos paz interior, sólo nos traen sufrimiento. En realidad, no tienen más existencia que nuestros sueños.

Un mísero hombre ganó una inmensa fortuna jugando a la lotería. Gracias a esta riqueza se casó con una encantadora princesa y recibió, además, la mitad de su reino. Un día salieron a dar un paseo a caballo por la montaña. De repente, empezó a soplar un viento terrible y precipitó a caballos y caballeros desde lo alto de la montaña. La princesa y los caballos murieron, pero el hombre se agarró a una rama y logró sobrevivir. Miró hacia abajo y, al ver que tenía tierra firme, cerró los ojos y saltó.¡Pero cuando abrió los ojos, vio que no había montaña, ni princesa, ni caballos, ni palacio! Sólo estaban las cuatro paredes y el suelo de tierra de su choza. Estaba sin comer desde hacía dos días y se había quedado dormido, en medio del sopor que provoca el hambre y el agotamiento. Al despertar, comprendió que todo lo que había visto lo había soñado. No se afligió por la pérdida de la princesa ni del reino, pues sólo había sido un sueño.

Durante el sueño, todo resulta real. Si despertáis del sueño en el que estáis ahora, conoceréis la Realidad.

Los que viven cerca de algún crematorio no temen vivir allí ni pasar por ese sitio. Para ellos no es más que un lugar en el que se queman cadáveres. Los que no habitan por esos parajes, tienen miedo de atravesar un lugar que creen encantado. Temblarían de miedo si, al pasar de noche, tropiezan con una piedra o ven agitarse una hoja en el viento. Todo lo que ven o sienten se transforma en un fantasma. Si toparan con un pilar, lo tomarían por un fantasma y se desmayarían. De forma parecida, la gente se autodestruye al proyectar su miedo sobre cualquier objeto. Un hombre que camine por un bosque poblado de serpientes, aullará de miedo si se pincha con una espina, pues pensará que ha sido una serpiente. Incluso llegará a padecer los síntomas propios de una mordedura de serpiente hasta que llegue un médico y le explique que no ha sido mordido. Muchas personas sufren este tipo de experiencias y se debilitan pensando en lo que no tienen. Así es como viven las personas hoy en día, incapaces de ver la verdad. Por eso no debemos apegarnos a las cosas materiales. Los que así lo hacen, sólo acumulan sufrimiento. A todo esto se le conoce con el nombre de maya. Cuando vemos todas las cosas como esencia de la Divinidad, no sufrimos. Sólo hay felicidad cuando así sucede.

Pregunta: ¿Es maya este universo?

Amma: Sí, el universo es ciertamente una ilusión. Los que están atrapados en la ilusión no encuentran más que obstáculos y sufrimiento. Cuando seáis capaces de discernir entre lo que es eterno y lo transitorio, veréis claramente que se trata de una ilusión. Decimos que el universo es maya, pero si optamos por ver los aspectos positivos de nuestra vida, esa ilusión no nos atará. Es más, nos ayudará a progresar por el camino recto.

Imaginad que camináis sobre un pequeño dique fangoso entre dos arrozales. Resbaláis y os llenáis de barro. Para vosotros el barro representa suciedad y lo queréis limpiar. Sin embargo, un alfarero que pase por el mismo lugar podrá considerar el barro como una excelente clase de arcilla y utilizarla en su trabajo. Él valora su utilidad y no lo ve como algo sucio.

Una mujer que se dedica a recoger leña por el bosque encuentra una piedra que le sirve para trocear los troncos, y la utiliza con ese fin. Al cabo de un tiempo, pasa por allí un especialista en piedras y descubre que aquella piedra posee una característica muy especial. Se la lleva y la coloca en un templo como imagen divina. Allí la veneran y le ofrecen toda clase de frutos y gemas preciosas. Sin embargo, para los que no comprenden su grandeza, se trata simplemente de una piedra.

El fuego sirve para cocinar, pero ese mismo fuego puede quemar la casa. Una aguja nos permite coser, pero también nos podemos pinchar con ella. Un cirujano se sirve de un bisturí para operar a un paciente y salvarle la vida, pero ese mismo instrumento en las manos de un asesino, se convierte en un arma mortal. Por tanto, más que rechazarlo todo como maya, valoremos el lugar que debe ocupar cada objeto y utilicémoslo adecuadamente. Rechacemos el lado negativo de las cosas. Los grandes sabios sólo veían la bondad en todo lo que existe en el universo.

Los que tienen plena conciencia de maya no sucumben ante ella. Protegen al mundo. Y por otra parte, los que no son conscientes de maya se destruyen a sí mismos y suponen una carga para los demás. Cometen una forma de suicidio. Si pasáis por la vida aceptando únicamente el lado bueno de las cosas, nada os parecerá una ilusión. Todo tiene la fuerza potencial para conducirnos hacia el bien.

Un perro percibe el reflejo de la luna en una charca y se pone a ladrar en el agua. El perro no mira la verdadera luna que brilla en el cielo. Un niño puede ahogarse en un estanque al intentar atrapar la luna. Ni el niño ni el perro tienen conciencia de la realidad. Lo eterno y lo efímero existen, pero tenemos que discernir entre los dos. ¿Para qué esforzarse en atrapar una sombra mientras ignoramos las cosas auténticas? La sombra, maya, perdurará mientras exista ego. Donde no hay ego, no hay universo ni ilusión. Al ser nuestro conocimiento incompleto, tomamos la ilusión por real. Cuando el sol está en su cenit, al mediodía, no hay sombra. Cuando hayamos alcanzado el cenit del conocimiento (la iluminación), sólo veremos la realidad.

Pregunta: Se dice que sólo percibimos la existencia del universo a través de maya (ilusión). Entonces, ¿por qué nos parece tan real?

Amma: La creación existe mientras esté presente la noción del pequeño "yo". Sin esa noción, no hay creación, no hay seres vivos. Sólo Brahman permanece eternamente como Brahman. Imaginemos que una niña desea una muñeca y no deja de llorar hasta conseguirla. Al final, se le da una y juega con ella un cierto tiempo, y sin permitir que nadie más la toque. Después se duerme, apretando la muñeca contra su corazón; pero, una vez dormida, la niña suelta la muñeca sin darse cuenta, y ésta cae al suelo.

Un hombre esconde su oro debajo de la almohada y se pone a dormir apoyando la cabeza sobre ella. Mientras duerme, llega un ladrón y se lo roba todo. Cuando estaba despierto, el hombre sólo pensaba en su oro y vivía intranquilo. Sin embargo, se olvida de todo durante el sueño, y ni siquiera es consciente de sí mismo, de su familia o de sus posesiones. Sólo siente dicha, la dicha propia del sueño profundo que nos hace sentir llenos de energía al despertar. Cuando despertamos, todo reaparece: "mi muñeca", "mi collar" o "mi familia". Vuelve la noción del "yo" y todo regresa con ella.

Brahman existe en tanto que Brahman, eternamente. Pero sólo tendremos la experiencia de Brahman cuando se desvanezcan nuestros pensamientos.

Pregunta: Amma, si todos siguieran una vida espiritual y se hicieran sannyasines, ¿cómo continuaría el mundo ¿Cuál es la utilidad del sannyasa?

Amma: No todos llegan a ser sannyasines. De un millón de personas que lo intentan, sólo algunos lo logran. Pero porque sólo unos pocos consigan un título de medicina o una elevada posición profesional, no significa que otros no tengan que esforzarse por conseguirlo.

Amma no dice que todos deban hacerse sannyasines, pero evitaréis el sufrimiento si comprendéis los principios en los que se fundamenta la sannyasa. Seréis capaces de superar todos los obstáculos con desapego.

Lo que Amma quiere decir es que necesitamos abandonar la noción del "yo" y de lo "mío". Cualquier cosa que deseemos, comprendamos qué función desempeña en nuestra vida. También conviene que realicemos nuestras acciones sin esperar nada a cambio, pues toda expectativa causa sufrimiento.

Un hombre que participaba en una campaña de recogida de fondos se dirigió a una casa para solicitar una contribución. Esperaba que le dieran al menos mil rupias, pero la familia sólo le dio cinco. Estaba tan furioso que rechazó el donativo. Un año después todavía se sentía furioso. La ira le roía interiormente. No había sido capaz de aceptar ni siquiera lo que se le ofrecía, pues no le habían dado lo que esperaba recibir. Se sentía realmente decepcionado. Sin embargo, si no hubiera mantenido expectativa alguna, no habría tenido que pasar por todo ese sufrimiento. Se habría sentido satisfecho con lo poco que le daban. Nosotros también podemos evitar esta clase de sufrimiento, en este viaje que es la vida, si adoptamos la actitud propia de un mendigo. Un mendigo es consciente de su situación, y no se aflige si no recibe nada cuando llama a una puerta. No se siente triste porque sabe que, posiblemente, le darán algo en las siguientes casas. Sabe que a lo largo de su vida se encontrará con personas que le darán algo y otras que lo evitarán. Eso forma parte de su vida de mendigo. De esa manera, no puede sentir ira hacia nadie. Si os sentís auténticos mendigos, lo consideraréis todo como voluntad de Dios. Lo que Amma quiere decir es que os mantengáis unidos a Dios, pues los seres realmente espirituales no conocen la tristeza ni el dolor.

Actualmente, muchas personas se apegan a los objetos externos. Se dicen: "Ésta es mi familia" y se dedican a ella trabajando sin descanso día y noche. Pero de esa manera, se olvidan de sí mismos, no llegan a reconocer su dharma, ni viven de acuerdo con él. Se olvidan de Dios. Cuando se vive de ese modo, es imposible encontrar la paz en esta vida o después de la muerte. Eso no significa que no tengamos que trabajar. Actuemos sin albergar expectativas o deseos.

La felicidad no se encuentra en los objetos externos; habita en nuestro interior. Una vez saciados de vuestro postre favorito, no tenéis ganas de comer más. Si comieseis todavía más, lo acabaríais odiando. Rechazaríais asqueados cualquier otra ración que os pusieran delante. Si vuestra felicidad proviniera verdaderamente de este postre, ¿tendríais alguna razón para rechazarlo? ¿No seguiríais comiendo un poco más? La causa de todo esto se encuentra en la mente. Cuando la mente queda saciada, empieza a desagradarnos el objeto. Todo depende de la mente. La felicidad no se encuentra en el exterior, sino en vuestro interior ¡Es ahí dónde hay que buscarla! Cuando buscáis la felicidad fuera, en vuestra relación con los demás y en los objetos externos, malgastáis vuestra vida. Eso no quiere decir que tengáis que permanecer con los brazos cruzados, sin hacer nada. Siempre que os sea posible, haced algo por los demás. Servid a los que están necesitados. Repetid un mantra. Dedicad vuestra vida al fin de la espiritualidad.

Pregunta: Amma, ¿cómo podemos eliminar los vasanas (tendencias latentes) mundanos?

Amma: Es más difícil atrapar un vasana y eliminarlo que coger una burbuja del agua. La burbuja se rompe cuando intentáis sacarla. Las burbujas se forman por las olas que hay en el agua. Si queremos evitar las burbujas, tenemos que estar muy atentos y vigilantes para que no se formen olas. Gracias a los pensamientos positivos y a la contemplación, reducimos las olas que los vasanas mundanos levantan en la mente. No hay lugar para los vasanas mundanos en una mente aquietada por los pensamientos positivos.

Pregunta: Se dice que los objetos que disfrutamos a través de los sentidos no pueden darnos la felicidad. Y, sin embargo, son los objetos materiales los que nos procuran la felicidad, ¿no es cierto?

Amma: La felicidad no viene del exterior. Algunos adoran el chocolate, pero por muy delicioso que sea, una vez que hemos comido una tableta entera, sentimos cierta repugnancia hacia el chocolate. La siguiente tableta no nos dará el mismo placer que la primera. Hay personas a las que no les gusta el chocolate y sienten náuseas nada más olerlo. Pero nos guste o no, el chocolate sigue siendo el mismo. Si realmente nos diera felicidad, no importaría su cantidad, pues nos sentiríamos siempre felices al comerlo. Además, ¿no tendrían que experimentar todos la misma satisfacción? Nuestra satisfacción no depende del chocolate en sí, sino de nuestra mente. Las personas creen que los objetos les aportan felicidad y se pasan la vida intentando colmar sus deseos. Pero, al final, los sentidos mueren, nos sentimos más débiles y nos hundimos completamente.

La felicidad reside en nosotros, y no en el exterior. Sólo si nos apoyamos en esta felicidad interior, podremos disfrutar siempre de dicha y satisfacción. Tanto los objetos materiales como los sentidos que los perciben tienen limitaciones. No se trata de evitar los aspectos materiales de la vida, sino de comprender el uso adecuado de cada objeto y no concederle más importancia de la que merece. El problema radica en los pensamientos y en las expectativas inútiles.

Para muchas personas, nada es más importante que su propia felicidad. No quieren a nadie que no tenga que ver con su felicidad. En los Estados Unidos, un hombre que acababa de perder a su esposa vino a ver a Amma. Ella era su vida misma. Cuando no estaban juntos, el marido era incapaz de dormir y permanecía despierto sin pegar ojo. No comía hasta que ella hubiera comido. Si iba a algún lugar, él la esperaba. Adoraba a su esposa. Sin embargo, no duró mucho su vida en común, pues ella contrajo repentinamente una enfermedad y murió al cabo de una semana. Asistieron al funeral numerosos familiares y amigos que quisieron rendir su último adiós, antes de ser enterrada. Eran tantos, que el desfile de personas se prolongó durante horas. De pronto, el viudo sintió un gran apetito y pensó: "¡Ojalá se acabe todo esto enseguida!" Tenía prisa por ir a comer. Esperó todavía una o dos horas, pero nada parecía indicar el final de los pésames. Estaba tan hambriento que se marchó al restaurante más cercano a comer. Fue él mismo quien explicó este incidente a Amma. "¡Estaba dispuesto a dar mi vida por mi mujer de tanto que la amaba, pero el hambre me hizo olvidarlo todo!"

Eso pasó en los Estados Unidos. ¿Queréis saber qué sucedió en la India? Esta historia se la contó una mujer que vino al ashram a visitar a Amma. Su esposo había muerto en accidente, atropellado por un coche mientras iba en bicicleta. Esta mujer era su segunda esposa, pues la primera había fallecido algunos años antes. De ese primer matrimonio, nuestro hombre tenía dos hijos ya adultos. Cuando la mujer se enteró de la muerte de su esposo, lo primero que hizo no fue ir a ver el cuerpo del difunto ni llevarlo a casa, sino ir directamente a tomar posesión de la llave de la caja fuerte de su esposo. Nada más encontrar la llave, llegaron algunas personas con el cuerpo del difunto y, a continuación, los hijos de su primer matrimonio. Éstos, en lugar de ir a ver el cuerpo de su padre, fueron rápidamente al lugar donde guardaba la llave de la caja fuerte. Querían encontrar la llave antes que su madrastra para que ésta no se quedara con toda la fortuna. Pero llegaron demasiado tarde. Su madrastra había encontrado ya la llave y la había escondido. ¿Dónde estaba el amor de estos hijos, que habían sido educados con tanto amor? Esta mujer solía decir que amaba a su esposo más que a su propia vida, y ¿dónde estaba ahora ese amor? No pensaban más que en el dinero. Hijos, el mundo es así. Las personas tienden a amar a los demás por motivos egoístas.

Algunos hombres juran matar a sus esposas si éstas hablan con otros hombres. Cuando un padre está en su lecho de muerte, sus hijos esperan con impaciencia repartirse la herencia. En algunos casos, si un hijo espera recibir una buena herencia, no dudará en matar a su padre. ¿Es eso amor?

No se trata de abandonar ni de permanecer ociosos porque esa sea la naturaleza del mundo, sino de evitar expectativas o ideas del tipo: "Mi mujer, mi marido o mis hijos estarán siempre conmigo."

Conoced vuestro dharma y esforzaos por vivir de acuerdo con él. Realizad vuestras acciones sin ninguna clase de expectativas. No esperéis amor, riqueza, fama o cualquier otra cosa. El fin de todas nuestras acciones debería ir encaminado a purificarnos internamente. No os apeguéis más que a lo espiritual, pues sólo así sentiréis verdadera felicidad. Si actuáis esperando recibir algo de los demás, sólo obtendréis dolor y sufrimiento. Pero si vivís en armonía con los principios espirituales, conoceréis el paraíso en esta vida y también tras abandonar este cuerpo. Vuestras acciones serán beneficiosas para vosotros y para el mundo.

Pregunta: Si el Ser carece de forma, ¿cómo podemos reconocer su influencia?

Amma: El aire no tiene forma, pero si infláis un globo, podéis jugar con él y lanzarlo al aire de un lugar a otro. De igual modo, el Ser es sin forma y lo impregna todo. Es posible comprender su influencia con la ayuda de un upadhi (El medio a través del cual se expresa lo Infinito en el mundo manifestado).

Pregunta: ¿Se puede permanecer constantemente en un estado de no-dualidad o sólo cuando se está en samadhi? ¿No se vuelve al mundo de la dualidad al "despertar" del samadhi?

Amma: Desde vuestro punto de vista, la persona existe en un estado de dualidad, pero ella sigue todavía en ese estado no dualístico, de experiencia directa de la Realidad. Una vez mezclados el azúcar con la harina de arroz, es imposible separarlos. Todo permanece dulce. Así, una vez alcanzado el estado de no-dualidad -a nivel de experiencia directa-, vosotros sois Eso. Desde ese momento, no hay dualidad en vuestro mundo, lo veis todo a la luz de vuestra experiencia no-dual.

Un ser plenamente iluminado es comparable a una piel de limón o a una cuerda quemada; parece que tengan una forma, pero ésta se desvanece en cuanto uno la toca. Las acciones de un ser iluminado parecen semejantes a las de la gente corriente, pero un ser iluminado permanece constantemente en el Ser. Él o ella son realmente el Ser.

Pregunta: Amma, ¿podrías describirnos la experiencia no-dual?

Amma: Está más allá de las palabras. No puedes saborear el azúcar y explicar exactamente cómo es su dulzura. Es indescriptible.

Cuando coméis algo, enseguida os sentís satisfechos. Igual que cuando os despertáis, reconocéis el efecto reparador del sueño por la energía y la paz que obtenéis. La inefable y profunda paz que se experimenta en samadhi permanece, incluso, después de salir de ese estado.

Pregunta: Algunos nacen ricos y crecen en la abundancia. Otros nacen en chozas y sin poder hacer una comida al día ¿Por qué se da esta diferencia?

Amma: Cada uno renace en función de las acciones realizadas en vidas anteriores. Algunos nacen bajo la influencia de kesari yoga (En astrología, el kesari yoga es una posición especial de la luna y Júpiter en el momento del nacimiento. Indica un futuro próspero y favorable) y prosperan en todas partes. Los acompaña la diosa de la Fortuna. Nacen con esta deidad por las acciones que han realizado en sus vidas pasadas. En esas otras vidas, han venerado a Dios con concentración y se han entregado generosamente a los demás. Los que han obrado mal, son los que ahora tienen que sufrir.

Pregunta: Pero nosotros no somos conscientes de todo eso.

Amma: ¿Te acuerdas de todo lo que hiciste cuando eras niño? ¿Acaso no se olvidan los estudiantes de lo que han estudiado la víspera de un examen? De igual forma, nosotros lo hemos olvidado todo. No obstante, podemos verlo todo con el ojo de la sabiduría.

Pregunta: ¿Cómo podemos ser liberados del sufrimiento?

Amma: Los que asimilan realmente la espiritualidad y viven conforme al dharma, no sufren. Si te hieres en una mano, de nada sirve ponerse a llorar y quedarse quietos. Hay que poner una pomada sobre la herida. Si te quedas llorando, sólo conseguirás que se infecte la herida y que, incluso, puedas llegar a morir.

Imagina que alguien te insulta y reaccionas poniéndote a llorar en un rincón. Te sientes desdichado porque has aceptado el insulto. Si no lo aceptas, el problema es de esa otra persona, no tuyo. Por tanto, tienes que rechazar el insulto. Si actúas así, con discernimiento, te liberarás del sufrimiento.

En el caso de la herida en la mano, ¿sirve de algo ponerse a reflexionar cómo ha sucedido o qué tipo de cuchillo la ha producido, en lugar de atender y curar la herida?

Si el que ha sido mordido por una serpiente venenosa se queda quieto, pensando en la serpiente, seguramente morirá. Tampoco le servirá de mucho ir corriendo a su casa para buscar en la enciclopedia un remedio apropiado, pues morirá antes de descubrir que lo que necesita es un suero. Cuando a alguien le muerde una serpiente, precisa una inyección de suero lo más rápidamente posible.

Cuando nos enfrentemos al sufrimiento, intentemos superarlo en lugar de debilitarnos pensando en él. Algunos sabios de la antigüedad aprendieron las verdades esenciales y las pusieron en práctica. Si prestamos atención a sus palabras y vivimos de acuerdo con las enseñanzas de las escrituras, podremos atravesar cualquier situación sin tambalearnos. El conocimiento espiritual es mucho más esencial que el resto del saber, pues nos enseña a vivir en este mundo. Hasta que no apliquemos esta sabiduría, nuestra vida y lo que venga después, se irán convirtiendo en un infierno.

Las gurukulas enseñan la sabiduría espiritual, cómo experimentar paz en este mundo o cómo vivir sin sufrimiento. Los maestros espirituales son los médicos de la mente.

Pregunta: ¿No son los psiquiatras los médicos de la mente?

Amma: Ellos sólo tratan la mente cuando pierde su equilibrio. Un maestro espiritual nos enseña a evitarlo. Esa es la función de las gurukulas

Pregunta: Se dice que los deseos son la causa del sufrimiento. ¿Cómo podemos liberarnos de nuestros deseos?

Amma: ¿Permitiríamos que alguien que desea herirnos venga a vivir con nosotros? ¿Dormiríamos al lado de un loco peligroso? No, desde luego, puesto que sabemos que la mente de un loco es inestable y que podría dañarnos. Igualmente, si criamos a una serpiente, poco importa que la alimentemos, pues acabará mostrando su verdadera naturaleza, es inevitable. Nadie desearía cuidar a un perro rabioso en su propia casa. Si nuestro perro tiene la rabia, no dudaremos en consentir que le inyecten para dormirlo y que se muera, por mucho que lo amemos. Procuramos evitar tales criaturas, cuando sabemos que su compañía nos causa sufrimiento.

Si estudiáramos de igual manera la naturaleza de todas las cosas, y sólo aceptáramos lo que es beneficioso, no sufriríamos. Los deseos no pueden llevarnos a la perfección. Incapaces de comprender esta verdad, los humanos alimentan sus deseos negativos. En consecuencia, tienen que enfrentarse a muchos problemas y hacen sufrir a los demás. ¿Tomarías deliberadamente veneno? Si una araña venenosa cae en tu comida, no probarás esa comida por mucha hambre que tengas. Así, cuando comprendes perfectamente que tu deseo por los objetos materiales engendra sufrimiento, tu mente deja de sentirse atraída por ellos. De hecho, si vives prestando suma atención, puedes liberarte de todo deseo. Es muy difícil, pero es posible si pones la suficiente atención, si sabes discernir y te mantienes desapegado, además de realizar práctica espiritual y contemplación.

Pregunta: Se dice que, actualmente, viven en la India numerosos mahatmas dotados de poderes divinos. Se cree que nada les es imposible. Entonces, ¿por qué no salvan los Mahatmas a las personas de la muerte y del sufrimiento cuando se producen grandes catástrofes, ya sean inundaciones, sequías o temblores de tierra?

Amma: Hijos míos, en el mundo de un mahatma, no hay nacimiento o muerte, no hay felicidad o tristeza. Si las personas sufren, se debe a su prarabdha (el fruto de las acciones realizadas en esta vida o en las vidas anteriores). Cosechan los frutos de sus karmas y los deben agotar. Es verdad que la cantidad de nuestro prarabdha puede ser reducida por la gracia de un mahatma. Pero uno debe estar preparado para recibir esa gracia. Los mahatmas existen, pero las personas no obtienen, como debieran, provecho de su presencia. Una flecha no puede alcanzar el blanco más que si tensáis el arco antes de disparar. Los mahatmas nos muestran el camino recto. ¿Cómo vamos a culparlos por no seguir sus consejos?

Al igual que nacen muchas personas en esta tierra, otras mueren. Pero la muerte sólo afecta al cuerpo, no al alma. Procedemos del polvo, y al polvo regresaremos. La arcilla le dice al alfarero: "¡Tú me utilizas ahora para fabricar vasijas, pero mañana seré yo el que haga vasijas contigo!" Cada uno cosecha los frutos de su karma.

Hijos míos, la muerte existe mientras mantenemos la noción del "yo". Los que tienen el sentido del "yo" sólo viven un determinado número de años. Pero existe un mundo más allá en el que sólo hay bienaventuranza. Para alcanzar ese mundo, tenemos que hacer el mejor uso posible de la vida que nos ha sido dada ahora.

Para la mayoría de las personas, no es aconsejable preocuparse con la idea del mundo como irreal. Es mejor esforzarse en desarrollar buenas cualidades a través de buenas acciones. Así llegarán al gran "bazar de la dicha" (abundancia de gozo) y permanecerán ahí eternamente.

Pregunta: ¿Por qué creó Dios un planeta como éste, poblado de seres vivos?

Amma: Dios no ha creado a nadie. Esta es nuestra creación. Un guardián vigilaba una sala llena de oro y joyas, pero una noche, por descuido, se durmió. Los ladrones aprovecharon la ocasión y robaron todo el contenido de la sala. Al despertar, el guardián descubrió el robo. Angustiado, gimió: "¡Oh no! ¿Qué he hecho? ¡Voy a perder mi trabajo! ¡No podré alimentar a mis hijos!" Pero esos pensamientos no existían mientras dormía. Durante su sueño no era consciente del oro, ni de ladrones o jefes. Todo apareció al despertar. Por tanto, todo era producto de su propia creación.

La creación apareció a causa de nuestra ignorancia. Si alguien comete un error, ¿es necesario que todos lo imiten? Si un individuo se convierte en ladrón, ¿es necesario que todos roben? En todos los casos, si robáis, seréis castigados.

Intentemos salir de nuestra ignorancia lo más rápidamente posible. Esta vida humana es una bendición que nos ha sido concedida con ese fin. Si allí dónde habíamos sembrado semillas de sésamo, crece una planta de cardamomo, ¿qué nos conviene plantar después, en ese mismo lugar, sésamo o cardamomo? El cardamomo es mucho más valioso que los granos de sésamo.

Por tanto, al menos de ahora en adelante, hagamos un lugar en nuestra mente al Ser eterno. Aparecerán, entonces, ciertas circunstancias favorables al conocimiento del Ser. Saborearemos la dicha y avanzaremos por la vida llenos de energía. De otro modo, si persistimos en sembrar semillas de menor valor, seguiremos por siempre en estado de pobreza.

Pregunta: ¿Es justo que los jóvenes vengan a vivir al ashram y dejen a sus padres, a quienes tendrán que cuidar algún día? ¿No es egoísmo? ¿Quién se ocupará de sus padres cuando sean ancianos?

Amma: Muchas personas no tienen hijos. ¿Quién se ocupa de ellos cuando son ancianos? Si un joven viene a vivir al ashram, es para poder ayudar, más tarde, a innumerables personas. ¿Qué es egoísmo, sacrificar su vida para sus padres o dedicarla al mundo entero? Es posible que un joven deba abandonar su familia para ir a otro estado de la India a estudiar y doctorarse en medicina; pero, a su regreso, podrá cuidar a muchas personas. ¿Qué ocurriría si no se fuera pensando que no debía abandonar a sus padres? De todas formas, no los podrá salvar de la muerte cuando llegue su hora. Si regresa con un título de medicina, podrá ayudarlos, al menos, cuando estén enfermos.

Los jóvenes vienen al ashram para obtener, a través de la práctica espiritual, la fuerza necesaria para servir al mundo. De ese modo, serán capaces de mostrar el camino recto, no sólo a sus padres, sino al mundo entero. El camino que muestran a los demás con su ejemplo es el que lleva a la liberación absoluta del sufrimiento. Pero para alcanzarlo, ellos tendrán que dominar su mente y renunciar a todo apego. Después serán capaces de amar y servir a todos los seres. Cada uno de sus alientos será beneficioso para el mundo.

Pregunta: ¿Por qué se dice que es necesario callar una verdad si resulta hiriente?

Amma: En la espiritualidad, se suelen abordar dos temas: la verdad y el secreto. No hay nada superior a la verdad; nunca hay que dejarla. Pero no es bueno decir todas las verdades abiertamente. Se trata de examinar las circunstancias y determinar, a continuación, si es necesario revelar algo. En algunas ocasiones es mejor guardar el secreto, aunque conozcamos la verdad. Por ejemplo, supongamos que una mujer da un paso en falso, en un momento de debilidad. Si damos a conocer su falta, podemos arruinar su futuro o poner en peligro su vida. Pero si se mantiene en secreto su error, posiblemente evite repetirlo y llevará una vida justa. En este caso, es mejor guardar la verdad en secreto, antes que revelarla y, de ese modo, se salva la vida de esa persona y se protege a su familia. Pero antes de tomar esa decisión, hay que examinar atentamente la situación.

Sin embargo, el silencio no debería nunca animar a nadie a repetir un error. Lo importante es que nuestras palabras beneficien a todos, pero si lo que vamos a decir puede herir a alguien, no deberíamos decirlo, aunque sea verdad.

Amma os lo puede ilustrar con un ejemplo. Un niño muere en un accidente de tráfico, a unos cien kilómetros de su domicilio. Es hijo único y se trata de una pérdida terrible para la madre. Si alguien le telefonea para decirle que su hijo está muerto, la impresión podría ser mortal. Si se le deja un mensaje telefónico que diga: "Su hijo ha sufrido un accidente de coche y está hospitalizado aquí. Por favor, ¡venga rápido!", no será cierto, pero esa noticia le permitirá hacer los cien kilómetros sin hundirse. Al menos, se le ahorrará el sufrimiento durante el viaje. Cuando llegue, descubrirá lo que ha pasado en realidad.

Al enterarse de la verdad un poco más tarde, cuando ya está al corriente del accidente y ha tenido tiempo de asimilar el primer golpe, se reduce el impacto que puede provocarle esta muerte. En este caso, salvamos posiblemente la vida de la madre ocultando la verdad momentáneamente. De todas formas, ya ha perdido a su hijo. ¿Para qué vamos a arriesgar la vida de otra persona? A este tipo de situaciones se refiere Amma, lo que no significa que tengamos que decir mentiras.

Si un hombre, con un corazón débil, contrae una grave enfermedad y se entera de una forma brusca, puede sufrir un ataque cardíaco. El médico no se lo comunicará de esa manera, más bien le dirá: "No es nada serio, descanse y tome este medicamento." No se trata de una mentira corriente, ni el médico lo dice por motivos egoístas. Mantiene en secreto cierto hecho durante un tiempo por el bien de su paciente.

Amma recuerda una historia. Había una vez un hombre que poseía una gran fortuna y solía distribuir la mayor parte de sus ganancias entre los pobres. Acudían muchos a pedirle ayuda.

Sabía bastante de temas espirituales y decía a menudo: "No puedo hacer práctica espiritual todo el tiempo. Apenas puedo hacer japa (la repetición de un mantra) y meditación. Por tanto, distribuyo los beneficios que obtengo de mis negocios entre los pobres, para que ellos los disfruten. Servir a los pobres es mi forma de adorar a Dios. Eso me hacer feliz y me satisface. Además, mis negocios marchan muy bien".

En otra aldea, a cierta distancia de allí, vivía un hombre muy pobre. Un día fue a pedir ayuda al rico. Su familia no tenía nada que comer desde hacía días y necesitaba ayuda desesperadamente. El pobre se sentía tan débil por el hambre que apenas podía caminar. Cuando sólo había recorrido una corta distancia, se mareó y cayó desplomado en medio del camino. Muy triste, pensó: "¡Dios mío, he salido esperando recibir un poco de ayuda y, ya ves, aquí me tienes sin poderme mover y a punto de morir!" Divisó un río al lado de la carretera y arrastrándose llegó hasta él. Bebió agua y notó que era particularmente deliciosa. Bebió a grandes tragos y experimentó una sensación de frescor. El agua era excelente. Con una hoja grande, hizo un cuenco y recogió un poco. Cuando recobró fuerzas, reemprendió lentamente su camino, llevando con él el pequeño recipiente. Alcanzó, al fin, la casa del rico y se unió a la larga cola de personas que esperaban recibir algún regalo. La mayoría llevaba algún regalo para entregárselo, a cambio, a su benefactor. Nuestro hombre pensó: "¡Vaya, soy el único que no ha traído nada! No importa, le ofreceré un poco de esta agua tan maravillosa."

Cuando llegó su turno, ofreció al hombre rico el recipiente de hoja con el agua. Éste bebió un sorbo y, para mostrar su placer, exclamó: "¡Oh, que agua más deliciosa! ¡Qué bendita!". El pobre hombre se sintió muy feliz. Los que rodeaban al rico manifestaron el deseo de saborear también aquella agua, pero no se lo permitió. Dejó el agua a un lado diciendo: "Esta agua es muy sagrada." Dio al hombre todo lo que necesitaba y se despidió de él. Los otros dijeron entonces: "Si nunca dudáis en compartir lo que es vuestro, ¿por qué no nos has permitido saborear esta agua sagrada?" El hombre rico contestó: "Por favor, perdonadme. Este hombre estaba agotado y ha bebido del agua que ha encontrado a lo largo del camino. Estaba tan agotado que le ha parecido muy buena. Ha pensado que era muy especial y por eso la ha traído aquí. En realidad, no era potable, pero si le hubiera dicho que esta agua era mala, el pobre hombre se hubiera sentido herido. En su desdicha, nada de lo que le hubiera podido dar a continuación le habría realmente satisfecho. Por eso y para no herirle, he alabado el agua en su presencia."

Hijos míos, en esas situaciones es mejor ocultar una verdad que arriesgarse a herir a alguien. Pero, de nuevo, eso no significa que tengamos que mentir. Un ser espiritual no debería nunca mentir por propio interés. Nuestras palabras y nuestros actos no deberían hacer sufrir a nadie. Sólo hay una cosa que no se desvanece jamás y que aporta luz a nuestra vida, es el amor. Hijos míos, ese amor es Dios.

Pregunta: Si Dios y el gurú habitan en nosotros, ¿qué necesidad tenemos de un gurú externo?

Amma: En cada piedra, hay una imagen en potencia. Pero la estatua no puede adquirir forma hasta que un escultor cincela la piedra y quita las partes inútiles. Así, el maestro espiritual revela la verdadera naturaleza del discípulo que, atrapado en la ilusión, está en un estado de olvido profundo. Mientras no seamos capaces de despertar por nosotros mismos de esa ilusión, necesitamos un maestro exterior. El maestro nos hará recuperar la memoria.

Imaginemos que un alumno ha aprendido un poema con mucho interés; pero, cuando el maestro le pregunta, está tan ansioso por responder que se queda en blanco y es incapaz de acordarse de nada. El compañero que se sienta a su lado le recuerda el primer verso del poema y, de repente, todo el poema acude a su memoria. Lo recita sin equivocarse ante toda la clase. De forma parecida, el conocimiento de la verdad está latente en nosotros. Las palabras del maestro tienen el poder de despertar ese conocimiento.

Cuando, como discípulos, hacéis práctica espiritual cerca de un maestro, se disuelve lo que es irreal en vosotros, y se revela vuestro ser real. Si uno acerca al fuego una estatua recubierta de cera, la cera se funde y aparece la imagen. Porque algunos pocos hayan realizado la verdad sin ayuda de un maestro espiritual, no podemos decir que no sea necesaria la ayuda de un maestro.

Dios y el maestro espiritual moran en nosotros bajo la forma de una semilla. Para que la semilla se desarrolle y llegue a ser árbol, precisa un clima favorable y un lugar apropiado. De igual forma, para que nuestra divinidad innata se manifieste y brille en nosotros, necesitamos unas condiciones adecuadas. El maestro es el que crea ese entorno.

Los manzanos crecen abundantemente en Cachemira, pues la región goza de un clima apropiado para los manzanos. También pueden crecer manzanos en Kerala, pero para que arraiguen tenemos que cultivarlos con mucho cuidado; y a pesar de ello, muchos retoños se marchitarán antes de convertirse en árbol. El clima de Kerala no es apropiado para los manzanos y, por tanto, los pocos árboles que logran sobrevivir dan una escasa cosecha. Al igual que el clima de Cachemira favorece el cultivo de manzanos, la presencia del maestro espiritual facilita el crecimiento espiritual del discípulo. El maestro crea la atmósfera propicia para el despertar del gurú interior que está latente en el discípulo; y, así, éste realiza su verdadero Ser.

Como en otras facetas de la vida, también conviene tener sentido práctico en la vida espiritual. Hasta que el niño no aprende a alimentarse y a vestirse por sí solo, es la madre quien da el biberón al bebé y quien lo viste. Hasta que una persona no es capaz de hacer algo por sí misma, necesita la ayuda de los demás. Los que inician un viaje con la ayuda de un mapa, es posible que se pierdan y vaguen por ahí. Pero si cuentan con un guía, no se perderán. Cuando os acompaña alguien que conoce el camino, el viaje resulta fácil y cómodo. Aunque el Ser Supremo habita en cada uno de nosotros, necesitamos un maestro espiritual mientras sigamos prisioneros de la conciencia del cuerpo. Una vez que el aspirante espiritual deja de identificarse con los instrumentos del cuerpo y de la mente, ya no precisa de un guía externo, pues Dios y el gurú despiertan en él.

Un maestro espiritual es un tapasvi (alguien que se ha sometido a intensas austeridades). Si un ser corriente es como una vela, un tapasvi es semejante al sol.

Por mucho que cavemos en determinados lugares, no encontraremos agua. Pero si cavamos cerca de un río, la obtendremos fácilmente sin tener que cavar mucho. Así, la proximidad de un maestro facilita la tarea del discípulo. Saborearéis los frutos de vuestra práctica espiritual sin tener que esforzaros demasiado. En presencia de un maestro, se reduce la intensidad de vuestro prarabdha y el esfuerzo a realizar es menor.

La ciencia moderna admite que, si fijamos la mente en un punto, podemos acumular fuerza mental. Si es así, ¡qué poder tendrá un yogui que se haya pasado años practicando concentración, a través de la meditación y de otras prácticas espirituales! Sobre esta lógica se basa la afirmación de que el simple toque de un yogui basta para transmitir poder espiritual a los demás, como si se tratara de una corriente eléctrica. Un maestro perfecto no sólo es capaz de crear una atmósfera propicia para el progreso del discípulo, sino que también puede transmitirle poder espiritual.

Sólo el que ha pasado por las diferentes etapas de la práctica espiritual puede guiar adecuadamente a un buscador.

A través de la lectura, los estudiantes pueden dominar la teoría por sí mismos, pero para superar el examen práctico, necesitan la ayuda de un maestro. Hasta cierto punto, es posible estudiar la espiritualidad en los libros, pero para poner en práctica estas enseñanzas, hace falta la ayuda de un maestro vivo. En el camino espiritual, un aspirante encuentra innumerables obstáculos y tiene que afrontar muchos problemas. Si éstos no son tratados correctamente, el aspirante puede perder su equilibrio mental. Cuando se dan instrucciones a un buscador, hay que tener en cuenta su constitución física, mental e intelectual. Sólo un auténtico maestro es capaz de hacerlo. Un reconstituyente está concebido para alimentar nuestro cuerpo; pero, si se toma indiscriminadamente, es posible que nos haga más mal que bien. Sucede igual con la práctica espiritual. Por tanto, los consejos de un maestro espiritual son esenciales para un buscador.

Pregunta: ¿Es posible alcanzar la meta estudiando únicamente textos espirituales, sin la ayuda de yamas y niyamas (las obligaciones y prohibiciones en el camino espiritual), de la meditación o del servicio desinteresado?

Amma: Al estudiar las escrituras comprendemos el camino que nos lleva a Dios y aprendemos los principios del Ser. Sin embargo, un mero conocimiento de las vías y los medios no nos conducirá hasta la meta. Para alcanzarla, tenemos que seguir el camino indicado.

Supongamos que alguien necesita un determinado objeto. Pregunta por él y se entera que lo puede conseguir en un lugar lejano. A través de un mapa, determina dónde se encuentra y el camino para llegar hasta él, pero no conseguirá el objeto que desea hasta que vaya a ese lugar y lo coja.

O imaginemos que alguien quiere comprar un medicamento y, para conseguirlo, tiene que ir a una farmacia que se encuentra en la otra orilla de un lago. Decide subirse a un barco y llega a la otra orilla. Pero, una vez allí, se niega a bajar y se queda sentado sin ir a la farmacia a buscar el medicamento. Algunas personas actúan de esa misma manera. No están dispuestos a avanzar cuando se encuentran en un lugar del camino. Han llegado a la otra orilla, pero continúan sujetándose al barco. Si nos aferramos ciegamente al camino, en lugar de avanzar, seguiremos esclavizados.

Si queremos alcanzar la meta, tenemos el deber de seguir el camino indicado en las escrituras y mantener la disciplina y la práctica espiritual requeridas. No basta con estudiar las escrituras, también hay que desarrollar la humildad necesaria para poderse postrar ante todo. En la actualidad, es el ego el que prevalece. Debemos aprender a postrarnos. Cuando el grano de arroz se convierte en planta, ésta se postra automáticamente. Cuando la rama de un cocotero madura, se dobla y se inclina. Estos ejemplos nos enseñan que cuando alcanzamos la sabiduría perfecta, nos volvemos humildes de una forma natural.

Se puede comparar el estudio de las escrituras con la valla que rodea un huerto. La práctica espiritual equivale al cultivo de árboles frutales dentro de la cerca. La valla protege los árboles; pero para obtener los frutos, es necesario plantar los árboles y cuidarlos. La práctica espiritual es absolutamente necesaria.

El estudio de las escrituras también puede compararse con la valla que protege el jardín de una casa, mientras que la práctica espiritual sería la casa que nos protege de la lluvia y el sol. Por tanto, no basta con estudiar las escrituras; hay que observar las reglas prescritas a lo largo del camino espiritual, meditar, repetir un mantra y hacer otras prácticas.

Una vez que se despierta el amor supremo hacia Dios en el corazón del buscador, las diferentes restricciones y observancias no son esenciales. Ante el amor divino, desaparecen todas las barreras y limitaciones. Para el verdadero devoto que posee ese amor, no existe nada más que Dios. Un buscador así no ve más que a Dios a través de todo el universo. Igual que la mariposa de noche se lanza al fuego y se fusiona con la llama; el devoto, consumido de amor por Dios, se vuelve Dios en esencia. El devoto, el universo en sí mismo, todo es Dios. ¿Qué normas y restricciones podrían aplicarse a un alma así?

A través de la meditación, podéis obtener un poder inmenso. Al igual que toda el agua de un depósito fluye por un único grifo, el poder supremo se manifiesta a través de un tapasvi. El sabio no se queda quieto proclamando que es Brahman. Gracias a su compasión, el poder que fluye a través del sabio beneficia al mundo entero.

Pregunta: Amma, ¿por qué concedes tanta importancia al servicio desinteresado?

Amma: La meditación y el estudio de las escrituras son las dos caras de una misma moneda. El servicio desinteresado es el grabado de la moneda, el que le da su verdadero valor. Cuando un estudiante de medicina acaba sus estudios, no está todavía preparado para curar enfermos. Antes tiene que trabajar como interno durante un cierto tiempo. Gracias a la experiencia que el joven doctor adquiere durante su internado, consigue los conocimientos prácticos necesarios para aplicar la teoría estudiada durante la carrera. El conocimiento teórico por sí sólo no sirve más que para alimentar el intelecto. Es insuficiente y necesita ser plasmado en acciones concretas.

Aunque estudiéis las escrituras, independientemente de vuestro nivel de conocimiento espiritual, también tendréis que entrenar la mente para superar las situaciones difíciles; y el mejor medio para conseguirlo es el karma yoga. Relacionándoos con el mundo y trabajando en distintas circunstancias, podréis ver cómo reacciona vuestra mente ante situaciones diferentes. No podremos conocernos a nosotros mismos, a menos que nos veamos obligados a hacer frente a ciertas situaciones. Cuando se presentan las circunstancias adecuadas, vuestros vasanas alzan la cabeza. Si vemos a los vasanas levantarse, uno tras otro, podemos eliminarlos. El servicio desinteresado refuerza la mente y, de ese modo, podemos superar cualquier situación.

Nuestra compasión y actos desinteresados nos acercan a las verdades más profundas. Gracias a las acciones altruistas, podemos suprimir el ego que oculta al Ser. Actuar de forma desinteresada, con desapego, nos lleva a la liberación. Esa forma de actuación no supone trabajar, sino hacer karma yoga. El Señor Krishna le dijo a Arjuna: "En los tres mundos, no tengo necesidad de hacer nada, ni nada que obtener para mí y, sin embargo, nunca dejo de actuar."

Las acciones del Señor eran desapasionadas y desinteresadas. Ese es el camino que Sri Krishna le aconsejó a Arjuna.

En cierta ocasión un devoto del Señor buscaba una piedra redonda y pulida para realizar un determinado culto. En su búsqueda, el devoto ascendió hasta lo alto de una montaña, esperando encontrar una piedra adecuada en la cima. Una vez allí, se siente decepcionado al comprobar que no hay ninguna piedra redonda y pulida como desea. Frustrado, toma una piedra y la lanza por la ladera de la montaña. Vuelve a bajar y cuando llega al pie de la montaña, descubre en el suelo una bonita piedra redonda y pulida, con la forma perfecta, como la que andaba buscando desde el principio. Al cabo de un rato, se da cuenta de que se trata de la misma piedra que ha lanzado desde lo alto de la montaña. Al caer ha chocado con otras piedras sin pulir, y así ha perdido todas sus aristas y asperezas. Si hubiera permanecido en la cima de la montaña, jamás habría sido pulida ni transformada.

De igual modo, cuando descendemos de la cima de la montaña; es decir, desde el nivel del ego hasta el de la humildad, las aristas cortantes de nuestro ego desaparecen y la mente asume una actitud de adoración.

Si persistimos en cultivar el ego, no obtendremos nada. Siendo humildes, lo obtenemos todo. Una actitud desinteresada, sin deseo alguno, nos ayuda a vencer el ego. Por eso se concede tanta importancia a las acciones desinteresadas.

Mientras exista el ego, es preciso contar con la guía de un maestro espiritual. Un discípulo que vive de acuerdo con la voluntad de su maestro, considera toda acción como un medio para pulir las aristas aguzadas del ego.

No hay egoísmo en un satgurú, vive para el discípulo. El discípulo tendría que refugiarse totalmente a los pies del maestro. Igual que un enfermo no opone resistencia y acepta que el médico le opere, el discípulo debería abandonarse completamente a la voluntad del maestro.

Amma no está diciendo que la acción por sí sola nos conduzca a la meta. Karma (la acción), jnana (el conocimiento) y bhakti (la devoción) son todas esenciales. Si las dos alas de un pájaro corresponden a la devoción y la acción, la cola es el conocimiento. Sólo con la ayuda de las tres podrá el pájaro levantar el vuelo.

Para poder afrontar las diferentes situaciones de la vida con ánimo y ecuanimidad, es necesario primero entrenar la mente. El campo de la acción ofrece un terreno ideal para este entrenamiento. Lo que el buscador realiza, mientras su mente se mantiene fija en la meta, no es un simple trabajo, sino una práctica espiritual, es karma yoga. Un buscador espiritual considera toda acción como una práctica espiritual. Como discípulo, es su forma de servir al maestro (gurú seva); y como devoto, la contempla como una forma de adoración. El maestro no es una persona, es la encarnación de todas las cualidades divinas. El maestro es la Luz. Es como el almizcle, que en un momento tiene forma y fragancia, y se desvanece a continuación. El maestro tiene una forma, y sin embargo es sin forma. Está más allá de todas las formas y todos los atributos. El maestro vive para el discípulo, nunca para sí mismo. Toda acción que el discípulo realiza con esta comprensión es karma yoga y le conduce a la liberación. Sirviendo así a un maestro, el discípulo alcanza el estado de la conciencia suprema.

Pregunta: ¿Cuál es la condición esencial para progresar espiritualmente?

Amma: Cuando una flor es todavía un capullo, no podemos apreciar su belleza ni sentir su fragancia. Antes tendrá que florecer. De nada sirve intentar abrirla a la fuerza. Hay que esperar pacientemente hasta que el capullo eclosione. Sólo entonces podremos gozar de su belleza y perfume. Se necesita paciencia.

Hay una escultura latente en cada piedra. Cuando el escultor cincela la piedra, retirando todo lo innecesario, surge la imagen. Si nace esta forma tan bella es porque la piedra se ofrece al artista, inmóvil y paciente, durante mucho tiempo.

Una piedra que yacía al pie de la montaña Sabarimala[25] se quejaba a la estatua del Señor: "Eres una piedra como yo y, sin embargo, todos te adoran. En cambio, a mí, todos me pisotean. ¿Qué justicia es ésta?" La estatua le contestó: "Tú sólo ves ahora que todo el mundo me rinde homenaje, pero antes me estuvo puliendo un escultor con un cincel repetidas veces. Durante todo aquel tiempo, permanecí pacientemente ante él, sin ofrecer la menor resistencia. Por ese motivo, estoy ahora aquí y me veneran miles de personas." La paciencia de la piedra la había convertido en una imagen venerable.

---

[25] Montaña sagrada de Kerala, que tiene un templo en su cima.

La historia de Kunti y de Gandhari es muy conocida. Esta historia ilustra los beneficios de la paciencia y los efectos nefastos de la impaciencia. Cuando Kunti dio a luz a un niño, Gandhari se disgustó mucho, pues estaba embarazada y deseaba que su hijo hubiera nacido primero para convertirse en rey. En su impaciencia, se golpeó el vientre tan fuerte que abortó y dio a luz una masa de carne. De acuerdo con las instrucciones del sabio Vyasa, esta masa se dividió en cien trozos y fue colocada en cien urnas. La historia cuenta que de estas cien urnas nacieron cien hijos. Ese fue el origen de los Kauravas, que iban a causar la muerte de millones de personas. Gandhari no tuvo paciencia alguna y, como resultado, causó mucho sufrimiento y destrucción. En cambio, el fruto de la paciencia se convierte en victoria. En el camino espiritual, la paciencia es de importancia vital.

Deberíamos mantener siempre la actitud de un principiante, la actitud de un niño inocente. Sólo un principiante tiene la paciencia y atención necesarias para aprender realmente. Hay un niño en cada uno de nosotros. En este momento, está dormido, tenemos que despertarlo. El sentimiento del "yo" que existe en nosotros actualmente, es una creación del ego. Cuando despierte el niño que duerme en nuestro interior, emergerá espontáneamente nuestra naturaleza inocente. Desearemos aprender de todo lo existente y harán acto de presencia, por sí mismas, la paciencia, la conciencia y la atención. Cuando el niño interior despierte, florecerán estas cualidades. El viejo "yo", creación del ego, no tendrá cabida. Si mantenemos siempre la actitud de un principiante, cada situación se convertirá en una oportunidad para aprender. Todo lo que necesitemos llegará a nosotros. Si somos capaces de mantener esta actitud durante toda la vida, hasta el final, no perderemos nada, lo obtendremos todo.

Muchos sólo conocen la risa superficial, la que se muestra con los dientes. La verdadera sonrisa procede del corazón. Sólo un corazón inocente puede saborear la verdadera alegría y transmitirla a los demás. Para eso tenemos que despertar el corazón del niño inocente que hay en nosotros. Debemos alimentar a ese niño y cuidarlo. Hay un proverbio inglés que dice: "El que se convierte en un cero, se vuelve un héroe". Ese proverbio se está refiriendo a la desaparición del "yo" que nace del ego.

Pregunta: Amma, parece que das más importancia a la devoción (bhakti) que a cualquier otra vía. ¿Por qué?

Amma: Hijos míos, cuando habláis de "devoción", ¿os referís a la repetición de un mantra y a cantar canciones devocionales? La verdadera devoción supone discernir entre lo eterno y lo transitorio; es entregarse al Infinito. Lo que Amma aconseja es el lado práctico de la devoción.

Los hijos que viven aquí (los brahmacharis y las brahmacharinis que están en el ashram de Amma) leen muchos libros espirituales y preguntan. Amma les suele responder de acuerdo con los principios del Vedanta, pero cuando Amma se dirige a un público más amplio, concede mayor importancia a la devoción porque el noventa por ciento de las personas no son intelectuales. No han adquirido ninguna noción de la ciencia espiritual antes de llegar aquí. No es posible enseñarles los principios espirituales en un día, o durante un darshan. Es mucho más adecuado darles consejos que puedan poner en práctica. Amma también les aconseja que lean libros espirituales.

El Advaita es el fundamento de todo. Lo que Amma enseña es una devoción práctica, basada en el Advaita.

Muchos de los que vienen aquí no saben nada sobre temas espirituales. Acostumbran a visitar templos, y nada más. Posiblemente, sólo un diez por ciento concede importancia al conocimiento y al intelecto, y puede que sigan una vía diferente. Pero no debemos olvidarnos de los demás, pues también necesitan ser elevados espiritualmente. Amma aconseja a cada uno de acuerdo con su nivel.

Las oraciones y los cantos devocionales que se hacen en el ashram no son simples oraciones. Son prácticas espirituales destinadas a despertar en nosotros el verdadero "Yo" (el Ser). Es un proceso que consiste en sintonizar la conciencia individual con la frecuencia de la Conciencia Universal, partiendo del nivel del cuerpo, mente e intelecto, para llegar hasta el nivel del Ser universal. No hay necesidad de buscar a un Dios sentado en un trono, en algún lugar del cielo. Dios es la Conciencia Universal omnipresente. No obstante, aconsejamos a las personas meditar en una forma porque es necesario un soporte para concentrar la mente. Para fabricar una baldosa de cemento, hay que construir primero un marco en madera, y después se vierte el cemento en ese marco. Una vez fraguado el cemento, retiramos el marco. Esa acción es comparable a la veneración de una forma divina. Hasta que los principios no están totalmente asimilados, se necesita una forma. Una vez que la mente está firmemente establecida en el Ser universal, se puede prescindir de esas herramientas.

Sólo los humildes pueden recibir la gracia de Dios. El ego no tiene cabida en aquel que percibe la Presencia divina en todas partes. Por tanto, la primera cualidad a desarrollar en nosotros es la humildad. Esa es la finalidad de nuestras oraciones y de las canciones devocionales que se cantan en el ashram. Cada una de nuestras miradas, palabras y obras deberían reflejar nuestra humildad.

Cuando un carpintero coge un formón para iniciar su trabajo, lo toma con respeto y se postra para invocar la bendición divina. El formón no es más que un instrumento que utiliza para su trabajo y, sin embargo, se postra ante él. No nos ponemos a tocar el armonio sin antes cogerlo con respeto y postrarnos ante él. Rendir homenaje a un objeto antes de utilizarlo forma parte de nuestra cultura. ¿Por qué mostramos tanto respeto a los objetos que utilizamos? Lo hacemos porque vemos a Dios en cada cosa. A través de esta práctica, nuestros antepasados procuraban alcanzar un estado carente de ego. De igual modo, la oración es una expresión de humildad; es una forma de eliminar el ego. Algunos se preguntarán si no es posible rezar en silencio. Hay personas que necesitan leer en silencio, mientras que otros asimilan mejor si leen en voz alta. Algunos sólo comprenden cuando leen en voz alta. No podemos decirle al que estudia en voz alta: "¡No leas tan fuerte! ¡Lee en silencio, como yo!" Algunos se concentran mejor si rezan en voz alta, mientras que otros prefieren la oración silenciosa. Así, también hay diferentes caminos espirituales para cada tipo de persona. Todos los caminos llevan a la quietud última.

Muchos devotos dicen: "Amma, cuando medito con los ojos cerrados aparecen muchos pensamientos en mi mente. Pero cuando canto bhajans y rezo, estoy totalmente concentrado." El fin de la práctica espiritual es concentrar la mente. Cuando afirmamos: "No soy el cuerpo, ni la mente, ni el intelecto", siguiendo la vía del "Neti, neti" (Ni esto, ni eso), seguimos otro camino para alcanzar el Ser Supremo. El fin de los bhajans y de las oraciones es el mismo.

¿Existe alguna religión que no dé importancia a la devoción y a la oración? Ambas se encuentran en el Budismo, el Cristianismo y el Islam. La relación entre maestro y discípulo también se da en todas estas religiones. Se encuentra, incluso, en la vía de la no-dualidad. Aunque en esa vía se dé la dualidad en la relación maestro-discípulo. ¿No es la devoción hacia el maestro, la devoción propiamente dicha?

A través de nuestras oraciones, procuramos desarrollar cualidades divinas, intentamos realizar al Absoluto. La oración no es un camino de debilidad; es un poderoso paso hacia Dios.

Pregunta: ¿Puede tener la meditación un efecto perjudicial? Algunos dicen que experimentan una sensación de calor en la cabeza durante la meditación.

Amma: Siempre es mejor aprender a meditar directamente de un maestro. Se puede comparar la meditación a un reconstituyente. El frasco siempre va acompañado de un prospecto en el que se explica su posología. Si no seguís las indicaciones y os tragáis de golpe todo el contenido, lo más probable es que os siente mal. También cuando meditéis, tendríais que seguir las orientaciones de un maestro espiritual. El maestro evalúa vuestra disposición mental y física antes de prescribir la forma de práctica espiritual que más os conviene. Algunas personas pueden meditar durante mucho tiempo sin problemas, pero no todos lo pueden hacer. Los hay que, movidos por un impulso de entusiasmo, meditan de forma continua, durante mucho tiempo, y sin seguir regla alguna. No se preocupan ni siquiera de dormir. Su práctica no se basa en la comprensión de los textos espirituales, ni en las instrucciones de un maestro. Obran simplemente atraídos por el entusiasmo. Incapaces de dormir suficientemente, experimentan una sensación de calor en la cabeza. Sucede así porque meditan más de lo que su cuerpo puede tolerar. Cada uno está dotado de una cierta capacidad, en función del estado de su cuerpo y mente. Si se amontonan quinientas personas en un vehículo previsto para transportar a cien, éste no podrá desplazarse con normalidad. Si colocáis en un pequeño molino eléctrico el doble de la cantidad de grano recomendada, se producirá un sobrecalentamiento en el motor, y puede llegar a quemarse. De igual forma, si movidos por un impulso de entusiasmo inicial, hacéis japa y meditáis durante horas, sin ningún tipo de discernimiento, tendréis posiblemente una sensación de calor en la cabeza y, además pueden aparecer otros problemas. Por eso es aconsejable hacer la práctica bajo la dirección de un satgurú.

Algunos dicen: "Todo está en mí. Yo mismo soy Dios." Pero no son más que palabras. No procede de la experiencia. La capacidad de cada instrumento es limitada. Una bombilla de diez watios no puede dar la misma luz que una de cien watios. Un generador produce electricidad, pero si se le sobrecarga, se quema. La cantidad de práctica espiritual que cada uno puede hacer es limitada. Depende de la capacidad de su mente y cuerpo. Hay que prestar atención para no sobrepasar los límites.

Si compráis un coche nuevo, os recomendarán que, al principio, no lo conduzcáis muy deprisa. Para que el motor dure mucho tiempo y funcione sin problemas, es necesario tratarlo con suavidad. Así es como debe proceder un buscador con su práctica espiritual. No se debe practicar japa ni meditación de una forma excesiva, excluyendo totalmente el sueño. La práctica de la meditación y japa, así como el estudio de las escrituras y el trabajo físico, debe hacerse de una forma ordenada. Algunos son propensos al desequilibrio de la mente o a las alucinaciones. Si meditan demasiado, su cuerpo se calienta y eso agrava su estado mental. Para esas personas, es esencial el trabajo físico. Esa actividad física les reducirá su desequilibrio mental. Mientras trabajan, su mente está menos dispersa y, poco a poco, consiguen dominarla. Si se les permite sentarse, sin hacer ningún trabajo físico, su estado no hará más que empeorar. Si no están demasiado tensos, pueden meditar de diez a quince minutos al día; con eso bastará.

Hay diferentes clases de personas. Cada individuo ha de recibir instrucciones diferentes. Si aprendéis a hacer práctica espiritual, como la meditación, únicamente a través de los libros, no sabréis qué restricciones son específicas para vosotros, y eso os podría causar problemas.

Suponed que vais a visitar a alguien que vive en una casa vigilada por un perro muy agresivo. Primero, llamáis al propietario desde el exterior, y esperáis hasta que haya sujetado al perro, para que no pueda haceros daño. Sólo entonces entráis. Si no tenéis paciencia y entráis inmediatamente, es posible que el perro os muerda. De igual modo, puede ser peligroso lanzarse a realizar prácticas espirituales sin seguir el consejo de una persona sabia y experimentada.

El buscador se parece a un viajero que atraviesa un bosque lleno de peligros, plagado de bestias salvajes y feroces. Precisa de un guía que conozca el camino que atraviesa el bosque. Es mejor ir acompañado de alguien que pueda decir: "¡Ten cuidado, ahí delante tienes un peligro! ¡No sigas por esa dirección! ¡Es mejor que vayas por el otro lado!"

Si ignoramos los consejos llenos de sabiduría que nos dan y actuamos a nuestro modo, es inútil culpar a Dios cuando suframos las consecuencias. No podemos acusar a Dios de los frutos de nuestras propias faltas de atención. Actuaríamos igual que el borracho que se pone a conducir y que, tras colisionar con otro coche, le dice a la policía: "¡Yo no tengo la culpa de que mi coche se haya estrellado contra ese otro coche¡ ¡Toda la culpa es de la gasolina, que hace que vaya tan rápido el coche!" Sucede igual cuando culpamos a Dios de los peligros a los que nos enfrentarnos a causa de nuestra imprudencia.

Todo posee su propio dharma -sus códigos, sus reglas y su naturaleza intrínseca- y debemos vivir de acuerdo con ese dharma. La meditación también tiene su propia metodología. Los maestros han establecido reglas y métodos para cada tipo de práctica espiritual. Según la disposición física y mental del buscador, éste tiene que adoptar un método de práctica espiritual apropiado. El mismo método no es válido para todos.

Cualquiera puede estudiar la teoría en los libros, pero para tener éxito en el terreno práctico, hay que contar con la ayuda de un instructor cualificado, pues es difícil dominar esa parte por uno mismo. Así, el buscador necesita un maestro competente, capaz de guiarle por el camino espiritual.

Pregunta: ¿Si la no-dualidad es la verdad última, qué sentido tiene el Devi Bhava?

Amma: Amma no está limitada por ningún bhava (modo o actitud divina). Está más allá de todos los bhavas. ¿No es el Advaita una experiencia? Donde no hay dualidad, todo es la esencia del Ser, todo es Dios, sólo Dios. Ese es el mensaje que Amma da a través del Devi Bhava. Para Amma no hay distinciones. Ella sabe que todo es el Ser único. Amma ha venido para el bien del mundo. Su vida está dedicada al mundo. Cualquiera que sea el papel que un actor interpreta, conoce su identidad. Poco le importa el papel que encarna. Así, independientemente del papel que Amma interprete, ella sabe quién es y no está sujeta a nada. No fue ella la que asumió ese papel por sí misma, sino para complacer el deseo de los devotos. Ellos se han entregado después a este bhava, que les regocija.

Cuando Amma viaja por el Norte de la India, los devotos de Krishna acuden a verla. Le ponen una corona adornada con una pluma de pavo, le colocan una flauta entre las manos y la engalanan con seda amarilla. Después le ofrecen mantequilla y realizan el arati. Se sienten contentos. Amma se presta porque eso les hace felices. Nunca diría: "Soy una seguidora del Vedanta y no puedo aceptar todo esto."

Dios es sin forma y sin atributo pero, al mismo tiempo, posee formas y atributos. Dios es la Conciencia presente en todo lugar, en todas las cosas. Por ese motivo es posible contemplar a Dios en todos los bhava.

Durante los primeros darshans, Amma no se ponía ningún traje especial. Han sido los devotos quienes han traído, uno a uno, estos vestidos y ornamentos. Amma empezó a llevarlos para que se sintieran felices y contentos, y se han convertido en un ritual.

En un templo siempre está la imagen de una divinidad, pero cuando llega el momento del ritual cotidiano, el deepa-aradhana[26], los fieles le rinden homenaje. Durante ese tiempo, la estatua aparece con un vestido especial y adornada de joyas. Esa visión aumenta la alegría y la concentración de los devotos. Muchos van a los templos a diario, pero durante los festivales aumenta el número de fieles. Todo el pueblo participa en la fiesta. De forma parecida, aunque todos los días acuden muchos visitantes a ver a Amma; sin embargo, el Devi bhava es para ellos una fiesta especial.

Si veneramos a Dios en los templos, no es por el bien de Dios sino para la felicidad y satisfacción de sus devotos. Si Amma lleva todos estos vestidos, lo hace por sus hijos, para ayudarles a quitarse sus "disfraces". Poco a poco, Amma eleva el nivel de conciencia de ellos para que experimenten su verdadera naturaleza.

Actualmente, cada uno lleva un traje. Las personas se peinan de diferentes maneras, llevan signos religiosos en la frente y se ponen diversos ropajes. No podemos separar el traje de la vida porque es una parte integral de la misma. Cada traje tiene su propia relevancia. El hábito de un monje, la toga de un abogado o el uniforme de un policía suscitan en nosotros diferentes reacciones.

Había una vez un hombre que estaba cortando, ilegalmente, madera en un bosque para hacerse una casa. Se acercó un policía vestido de paisano e intentó impedirlo, pero el hombre no le hizo caso. El policía se fue y regresó de uniforme. Cuando lo divisó a lo lejos, el hombre huyó a toda velocidad. Así es la importancia de un traje.

En cierta ocasión, se celebró una gran fiesta sorpresa y todos los invitados acudieron vestidos lujosamente y muy enjoyados.

---

[26] Literalmente, "adoración de la lámpara", por la que se ofrece una lámpara con alcanfor encendido a la Deidad, formando círculos ante la imagen.

Pero uno de los invitados se presentó con un traje corriente y el portero no le permitió la entrada. El hombre fue a su casa y regresó vestido de etiqueta. Esta vez, el portero lo dejó pasar sin ningún reparo. Nada más llegar al lugar donde se servía la cena, se sacó su chaqueta y la puso delante de una bandeja. Se quitó el sombrero y lo puso al lado de un plato. Hizo lo mismo con su corbata y la colocó junto a una taza de té. Los otros invitados pensaban que estaba loco. Entonces se volvió hacia ellos y les dijo: "Cuando he venido con un traje corriente, no se me ha dejado entrar. En cambio, con este traje, he podido entrar enseguida. Deduzco, por tanto, que no se me ha invitado a mí a esta cena, sino a mi vestimenta.

Así es el mundo actual. La gente sólo se fía de las apariencias externas. Intentan atraer a los demás por medio de su ropa. Son muy pocos los que buscan la belleza interior. Si Amma lleva este vestido, es con el fin de eliminar todas las formas de vestir. Cuando os claváis una espina en el pie, utilizáis otra espina para sacarla.

Los seguidores del Vedanta que hablan del advaita no se pasean desnudos. Visten, comen y duermen como todo el mundo. Saben que todo eso es necesario para la existencia del cuerpo y se visten según la costumbre de la sociedad en la que viven.

Los mahatmas nacen para responder a las necesidades de su época. Sri Rama y Sri Krishna vinieron en épocas diferentes. Obraron en función de las necesidades de su tiempo. Resultaría absurdo decir que Krishna tenía que ser exactamente igual que Rama. Cada encarnación divina es única.

Un médico tiene generalmente muchos pacientes y no prescribe el mismo medicamento para todos. Una vez que ha diagnosticado la enfermedad y conoce la naturaleza del paciente, decide cuál es el tratamiento más conveniente para ese individuo. A unos les bastará con un tratamiento por vía oral, mientras que otros necesitarán inyecciones. Sucede lo mismo en el camino espiritual, las necesidades de cada individuo son distintas. Tenemos que descender al nivel de cada persona que viene aquí para que progrese. A veces se envuelven los mismos caramelos en papeles diferentes. Externamente parecen distintos, pero el contenido es el mismo. De forma parecida, es la misma Conciencia la que está presente en todo. No es posible enseñar este principio sin descender al nivel de cada persona. Pero no para quedarnos en su mismo nivel, ya que nuestro propósito es conseguir que sean conscientes de esa unidad. Eso es lo que está haciendo Amma.

No podéis hablar a todos sobre el advaita. No todos entienden la noción de "Aquello que es sin forma ni atributo". Son muy pocos los que pueden avanzar por el camino del advaita una vez se les ha explicado este principio. Aunque han nacido con la disposición mental necesaria, muchas personas son incapaces de comprender el advaita en su profundidad.

Algunos devotos aman a Radha-Krishna [Krishna como bienamado de la gopi Radha]; otros prefieren a Yashoda-Krishna [Krishna como hijo de Yashoda]; mientras que otros lo adorarán como Murali-Krishna [Krishna, el flautista]. Cada uno tiene sus propias preferencias, con las que se siente feliz. Amma no está diciendo que todos tengan que buscar la felicidad fijándose en un aspecto concreto.

Amma asume ciertos bhavas para ponerse al nivel de las personas, para que tomen conciencia de la unidad que está más allá de todos los bhavas. Amma tiene que actuar según la naturaleza de la gente. Su propósito es guiarlos hacia la Verdad a través de todos los medios. Lo que permite a las personas progresar, sólo eso es verdaderamente racional. El interés de Amma se centra en elevar el nivel de conciencia de las personas. Eso es todo lo que ella quiere. Amma no necesita ningún certificado o reconocimiento de este mundo.

Imaginad que alguien está en un balcón y se da cuenta de que abajo hay una persona caída en el suelo, incapaz de levantarse. Desde el lugar donde se encuentra, el observador no puede socorrer a la persona tendiéndole la mano. Ha de descender, darle la mano y ayudarle a levantarse. Del mismo modo, para elevar a las personas espiritualmente, es necesario descender a su nivel. Para llegar a la carretera principal, hay que pasar por pequeñas calles laterales. Una vez estemos en la carretera, podemos subir a alguno de los numerosos autobuses rápidos que nos llevan directamente a nuestro destino. Pero, de una u otra forma, hay que llegar a la carretera principal, ya sea andando, en bicicleta o en un rickshaw. De forma similar, hace falta emplear diferentes medios para guiar a los humanos a lo largo de los estrechos vericuetos de la esclavitud, y ayudarles a alcanzar la carretera principal del Vedanta.

Pregunta: Amma, ¿es cierto que para saborear la felicidad espiritual tenemos que percibir este mundo como irreal y renunciar a él?

Amma: Amma no dice que tengamos que descartar este mundo como totalmente irreal. La palabra "irreal" significa que algo está en constante cambio. Si dependemos de tales objetos, si nos apegamos, sólo sentiremos dolor. Eso es lo que quiere decir Amma. El cuerpo también cambia. No estéis demasiado apegados al cuerpo. Cada una de las células del cuerpo cambia a cada instante. La vida misma pasa por diferentes etapas: la infancia, la niñez, la juventud, la madurez y la vejez. No consideréis el cuerpo como real, no le dediquéis vuestra vida. A medida que avancéis por la vida, intentad comprender la naturaleza de cada cosa y, de este modo, no tendréis que sufrir.

Imaginad que poseéis un diamante muy valioso. Con él podéis hacer una joya magnífica pero, si os lo tragáis, podéis morir. De igual manera, todo está concebido para un determinado uso en esta vida. Si comprendemos este principio, no hay razón alguna para el sufrimiento. Por eso se aconseja que la gente estudie espiritualidad. ¿No es mejor prevenir una caída, en lugar de buscar una solución cuando ya hemos caído? La comprensión de los principios espirituales, es el conocimiento más importante que podemos adquirir en esta vida.

Un perro mordisquea un hueso. Disfruta con el sabor de la sangre y continúa masticando. Al final, cuando empiezan a hacerle daño las encías, el perro se da cuenta de que la sangre que saborea es la suya propia, que procede de sus encías heridas. Así es nuestra búsqueda de la felicidad en los objetos externos. Nos hace perder toda nuestra fuerza. En verdad, la alegría no se halla en los objetos externos, sino en nosotros mismos. Vivamos comprendiendo este principio.

Pregunta: La inmensa mayoría de la gente sólo muestra interés por las cosas materiales y a casi nadie le interesa mirar hacia dentro. ¿Qué mensaje desearía transmitir Amma a la sociedad?

Amma: Nuestra vida no debería parecerse a la de un perro que ladra delante de su reflejo en el espejo. En lugar de perseguir sombras, volvámonos hacia el interior. Amma tiene un mensaje que dar a partir de su propia experiencia, puesto que ha conocido a miles de personas, tanto de vida espiritual como de vida mundana. Lo que desea manifestar es que no experimentaréis paz en esta vida hasta que no renunciéis a vuestra excesiva fascinación por el mundo exterior.

Pregunta: ¿Es posible disfrutar de la dicha espiritual mientras vivimos en este mundo?

Amma: Ciertamente. Esa dicha es para sentirla mientras estamos en este mundo, en el cuerpo. No es algo que tenga que ser alcanzado después de la muerte. Como la mente y el cuerpo, la espiritualidad y el mundo son los aspectos de la vida. Es imposible separarlos totalmente. La espiritualidad es la ciencia que nos enseña a vivir alegremente en el mundo material. Existen dos clases de educación. Una de ellas os permite encontrar un trabajo adecuado, mientras que la otra os enseña a vivir de modo pacífico y alegre. Esta última corresponde a la educación espiritual, es decir al conocimiento de la mente. Si vais a un lugar desconocido, no tenéis que preocuparos si contáis con un buen mapa. De igual modo, si utilizáis los principios espirituales como guía y vivís de acuerdo con ellos, nunca os sentiréis derrotados por ninguna crisis. Sabréis cómo prever y afrontar cualquier situación. La espiritualidad es la ciencia práctica de la vida. Nos enseña la naturaleza del mundo, a comprender la vida y a vivirla plenamente, de la mejor forma posible.

Cuando nos bañamos es para volver a salir limpios y frescos. No tenemos la intención de permanecer eternamente en el agua. Igualmente, la vida en familia es una forma de eliminar los obstáculos en el camino hacia Dios. Una vez que elegimos formar una familia, seamos conscientes del fin real de la vida y avancemos. Nuestra vida no debería acabar allí dónde hemos empezado. Hemos sido creados para liberarnos de todas las ataduras y realizar a Dios.

La noción de lo "mío" es la causa de nuestra esclavitud. La vida en familia ha de ser vista como una oportunidad para liberarnos. Decís: "mi esposa, mi marido, mis hijos, mis padres, etc."; pero, ¿realmente os pertenecen? Si fueran verdaderamente vuestros, siempre estarían con vosotros. Sólo cuando vivimos con esta conciencia, podemos despertar espiritualmente. Eso no significa que debamos abandonar nuestras responsabilidades. Haced alegremente aquello que tengáis que hacer, considerándolo vuestro deber. Pero estad atentos para no apegaros a nada.

La actitud de una persona que se presenta a una entrevista para obtener un puesto de trabajo es diferente de la que ya lo tiene. El candidato que va a pasar la entrevista se preocupa por las preguntas que le puedan hacer, si será capaz de contestar adecuadamente y si, al final, le darán el trabajo. Su mente está tensa. Mientras que la persona que ya ha obtenido el trabajo piensa de forma diferente, sabe que ha sido elegida para ocupar ese puesto y siente una cierta alegría. De igual forma, también sentiremos esa alegría cuando comprendamos los principios de la espiritualidad; porque, al igual que la persona que ha sido elegida, no tendremos razón alguna para preocuparnos.

Suponed que necesitáis dinero y pensáis pedirle a un amigo que os ayude. Puede que os dé el dinero, pero también sabéis que es posible que no lo haga. Si está de buen humor y se muestra generoso, tal vez os dé más de lo que esperabais; pero también puede volveros la espalda o incluso simular que no os conoce. Si sois conscientes de todas estas posibilidades por adelantado, no os sorprenderéis ni os sentiréis decepcionados, cualquiera que sea el resultado.

Un buen nadador disfruta nadando entre las olas del mar, mientras que una persona que no sepa nadar se ahogaría en medio de esas mismas olas. Así, los que comprenden los principios espirituales saborean cada instante de la vida, aceptan cada situación con una sonrisa; y nada los turba. Observad la vida de Sri Krishna. No abandonó su sonrisa ni siquiera cuando vio a su familia y a las personas de su clan, los Yadavas, combatir entre ellos. Y esa sonrisa no se desvaneció cuando, más tarde, como enviado de los Pandavas, negoció con los Kauravas. Y mientras conducía el carro de Arjuna por el campo de batalla, una maravillosa sonrisa iluminaba su rostro. También se mantuvo alegre cuando Gandhari lo maldijo. La vida entera de Sri Krishna fue una gran sonrisa. Si, en nuestra vida, damos cabida a la espiritualidad, conoceremos la verdadera felicidad.

La vida debería parecerse a un viaje de placer. Cuando vemos un bello paisaje, una bonita casa o bien una flor en el camino, lo miramos y disfrutamos con ello. Saboreamos su belleza, pero no nos quedamos quietos, continuamos nuestro camino. Cuando nos toca regresar, no importa la belleza de lo que nos rodea, volvemos a casa porque no hay nada más importante para nosotros que regresar al hogar. De igual modo, cualquiera que sea la forma en la que vivamos en este mundo, no olvidemos nuestro verdadero hogar, al que debemos regresar, no olvidemos nunca nuestra meta. No importa los magníficos paisajes que encontremos por el camino de nuestra vida, pues sólo hay un lugar en el mundo que podamos considerar verdaderamente nuestro, en donde podemos descansar, y que es nuestro punto de partida. Ese lugar es el Ser.

Había una vez un padre que tenía cuatro hijos. Cuando alcanzó la vejez, sus hijos le pidieron que dividiera la propiedad entre ellos, a fin de que cada uno tuviera un terreno. Todos querían tener su propia casa. " Nos ocuparemos de ti. Somos cuatro hermanos y podrás pasar tres meses al año con cada uno de nosotros. Así te sentirás feliz." El padre, contento con la sugerencia de sus hijos, aceptó y dividió la propiedad. La casa familiar y el terreno adyacente fue a parar al hijo mayor y los otros tres recibieron una parte del terreno restante, en donde construyeron sus casas. Después de la división, el padre fue a vivir con el hijo mayor. Los primeros días lo trataron con mucha cordialidad y respeto, pero el entusiasmo inicial disminuyó rápidamente. A medida que pasaban los días, el rostro de su hijo y de su nuera se ensombrecieron. Era una situación difícil para el padre, pero procuró permanecer un mes. Cuando tuvo la sensación de que se disponían a echarle, se fue a casa de su hija. Esta segunda hija y su yerno mostraron también entusiasmo al principio, pero cambiaron rápidamente y, al cabo de dos semanas, lo apremiaron para que se fuera. Entonces se fue a casa de su tercer hijo, pero no permaneció más que diez días, pues realmente no lo querían. Tuvo que marchar a casa de su cuarto hijo, pero a los cinco días se dio cuenta de que iban a echarlo a la calle. Se fue de allí y pasó el resto de sus días vagando de un lado para otro, sin tener un lugar fijo para vivir.

Cuando el padre dividió su propiedad entre sus cuatro hijos, esperaba que lo cuidarían hasta el final de sus días. Pero no era más que un sueño. En menos de dos meses, toda su familia lo había abandonado.

Comprendamos que el amor humano es, a menudo, así. Si esperamos que ciertas personas se ocupen algún día de nosotros, vamos a sufrir. Cumplamos cuidadosamente con nuestros deberes, sin esperar nada y, en el momento oportuno, volvámonos hacia el verdadero camino, hacia el camino espiritual..

No se trata de abandonar nuestras responsabilidades. Cumplamos con nuestro dharma. Por ejemplo, es deber de los padres ocuparse de sus hijos; pero una vez que los hijos son adultos y saben cuidarse por sí mismos, los padres no deberían seguir apegándose a ellos, ni esperar que los hijos los cuiden. Seamos conscientes de la meta real de la vida y continuemos nuestro viaje. No nos limitemos nosotros mismos centrándonos únicamente en nuestros hijos y nietos.

El pájaro que se apoya en una rama seca está siempre vigilante, listo para levantar el vuelo, pues sabe que la rama puede romperse en cualquier momento. Así, mientras vivamos y actuemos en el mundo, estemos siempre vigilantes, dispuestos a volar hacia el mundo del Ser, sabiendo que nada en este mundo es eterno. Entonces, nada podrá atarnos o hacernos infelices.

Pregunta: Amma, a menudo dices que si damos un paso hacia Dios, Él dará cien hacia nosotros. ¿Significa que Dios está lejos de nosotros?

Amma: No. Significa que si hacemos el esfuerzo de desarrollar una buena cualidad, todas las demás cualidades se desarrollaran en nosotros de una forma natural.

En cierta ocasión, una mujer ganó el primer premio de un concurso artístico y recibió un magnífico candelabro de cristal que colgó en su salón. Mientras observaba la belleza del candelabro, descubrió que la pintura de la pared se estaba desconchando y decidió volver a pintar toda la habitación. Al terminar este trabajo, examinó el salón y se fijó en una cortina sucia. Enseguida, lavó todas las cortinas. Entonces se fijó en su vieja alfombra que estaba totalmente desgastada y la reemplazó por una alfombra nueva. Al final, la habitación cambió por completo. Gracias a aquel candelabro, fue transformado completamente el salón, quedando limpio y bello. De forma parecida, si empezáis a hacer de forma regular una buena acción, seguirán otras muchas acciones buenas y será como un renacimiento. Dios es la fuente de todas las virtudes. Si desarrollamos una de ellas, todas las demás aparecerán después. Esa es la única manera, en la que es posible una transformación.

A veces se conceden puntos adicionales a los alumnos para ayudarles a pasar sus exámenes. Todos pueden beneficiarse, pero con la condición de alcanzar un nivel mínimo. Eso implica un esfuerzo por parte de los alumnos. De igual forma, Dios no cesa de derramar su gracia sobre nosotros, pero para que podamos beneficiarnos, tenemos que esforzarnos. Si nuestra mente no tiene la receptividad necesaria, de nada sirve que Dios derrame sobre nosotros una lluvia torrencial de gracia ¿Cómo vamos a lamentarnos por la falta de luz solar si, al mismo tiempo, cerramos las puertas y ventanas de nuestra habitación? El sol derrama su luz por todas partes. Bastaría con abrir las puertas y ventanas para aprovecharlo. De igual manera, Dios derrama constantemente su gracia sobre nosotros, pero para recibirla tenemos que abrir las puertas de nuestro corazón. Eso significa que antes de recibir la gracia de Dios, tenemos que tener la mente preparada. Aunque la compasión de Dios es infinita, nuestra mente no se muestra compasiva con nosotros y actúa como un obstáculo, impidiéndonos recibir la gracia de Dios.

Si alguien nos tiende la mano ofreciéndonos un regalo y nos mostramos arrogantes hacia esta persona, lo más probable es que no nos lo entregue y piense: "¡Menudo ego! ¡Será mejor que se lo dé a alguna otra persona!" A causa de nuestro ego, hemos impedido que actúe la gracia necesaria para aceptar ese regalo. No hemos recibido lo que nos ofrecían porque nuestra mente no ha tenido ninguna compasión con nosotros.

En ciertas ocasiones, nuestra facultad de discernimiento nos dice que hagamos algo, pero nuestra mente lo rechaza. El intelecto nos dice: "Sé humilde", mientras que la mente contesta: "¡No, no voy a mostrarme humilde ante esas personas!" De esta manera, perdemos mucho de lo que podríamos conseguir, quedándose fuera de nuestro alcance.

Para recibir la gracia de Dios necesitamos, en primer lugar, nuestra propia gracia. Por eso Amma suele decir: "¡Hijos, mantened siempre la actitud de un principiante!" Si desarrollamos esta actitud, impediremos que el ego levante cabeza.

Es posible que penséis: "Si actúo como un principiante, nunca voy a avanzar" Nada de eso. Desarrollar la actitud propia de un principiante significa permanecer totalmente abierto, atento y receptivo. Esa es la única forma de absorber realmente el conocimiento y la sabiduría.

También os podéis preguntar cómo vais a actuar socialmente y hacer vuestro trabajo, manteniendo la inocencia propia de un niño. Pero mostrarse inocentes no es un síntoma de debilidad, ¡todo lo contrario! También tenéis que ser fuertes y decididos cuando la situación así lo requiera. Sin embargo, siempre que podáis, mostraos abiertos y receptivos como un niño.

Todo posee su propio dharma, y nosotros tenemos que actuar de acuerdo con ese principio. Si una vaca se está comiendo una planta de gran valor y le decimos educadamente: "Querida vaca, ¿por qué no te vas de aquí?" Lo más seguro es que no se mueva. Pero si le gritamos: "¡Vamos, vete, fuera de aquí!" Entonces, se irá. No podemos decir que esa acción sea egoísta; más bien actuamos así para corregir la ignorancia de otro ser y, por tanto, no hay nada malo en ello. No obstante, siempre deberíamos mantener, en lo más profundo, la actitud de un principiante y la inocencia de un niño.

En nuestros días, los cuerpos crecen pero las mentes no se abren. Para que la mente se expanda y englobe a todo el universo, hace falta primero volverse como un niño. Sólo un niño puede crecer. Pero las mentes actuales están llenas de vanidad. Nuestros esfuerzos deberían encaminarse a destruir el ego que llevamos dentro. Eso implica mostrarse receptivos hacia los demás. Suponed que dos coches se encuentran frente a frente en una carretera estrecha. Si los dos conductores rechazan ceder el paso, ninguno podrá avanzar; pero, si uno de ellos está dispuesto a dar marcha atrás, ambos podrán continuar su camino.

En este caso, tanto el que se dispone a ceder y favorece la maniobra, como el que recibe ese gesto, pueden avanzar. Por eso se dice que ceder supone avanzar. De esa manera se eleva la persona que cede y la que recibe el trato cortés. Consideremos siempre el lado práctico de las cosas. El ego siempre constituye un obstáculo para progresar.

Dios se muestra siempre misericordioso con nosotros. Derrama constantemente su gracia, y derrama mucha más de la que nos merecemos por nuestras acciones. Dios no es un juez que nos recompensa por nuestras buenas acciones y nos castiga por nuestros pecados. Dios es la compasión misma, la fuente infinita de gracia. Perdona nuestros errores y derrama su gracia sobre nosotros. Pero, para que Dios pueda salvarnos, tenemos que hacer, al menos, un pequeño esfuerzo. Si no lo hacemos, no estaremos preparados para recibir la gracia ofrecida por Dios, que es Océano de compasión. Por tanto, Dios no es culpable de nada, la falta es únicamente nuestra.

Cuando la princesa Rukmini[27] iba a ser dada en matrimonio, tendió los brazos hacia Sri Krishna. Gracias a ese gesto, el Señor pudo levantarla y ponerla en su carro antes de huir. Ciertamente, tiene que haber una reacción positiva o un esfuerzo por nuestra parte.

En un proceso de selección de personal, algunos candidatos pueden ser elegidos aunque no hayan contestado correctamente a lo que se les preguntaba. Se debe a la compasión del examinador y es un efecto de la gracia divina. Sin embargo, otros candidatos que responden perfectamente a las preguntas, tienen títulos académicos y numerosas referencias, no son seleccionados. No les llega la gracia divina que se manifiesta a través del examinador. Eso indica que, además de nuestros esfuerzos, necesitamos la gracia divina. Esta gracia depende de nuestras acciones anteriores. Nuestro ego nos impide recibir la gracia.

No somos islas aisladas. Nuestras vidas están unidas como los eslabones de una cadena. Formamos parte de la cadena de la vida. Cada una de nuestras acciones tiene un efecto sobre los demás, aunque no seamos conscientes de ese hecho.

No es correcto pensar que sólo mejoraremos cuando todo el mundo haya cambiado. Hay que estar dispuestos a cambiar aunque nadie más lo haga. Pensar que mejoraremos cuando las circunstancias nos sean favorables, es igual que no bañarse en el

---

[27] La princesa Rukmini de Vidarbha amaba a Krishna y quería que él fuera su esposo. Ella envió un mensajero a Krishna pidiéndole que fuera a buscarla el día en que ella debía ser dada en matrimonio al rey Sishupala. Krishna fue a la ceremonia y la raptó con su carro, combatiendo con todos los que intentaban detenerlo.

mar hasta que desaparezcan las olas. En lugar de esperar que los otros mejoren, hagamos un esfuerzo por cambiar nosotros. De esa manera, empezaremos a ver cómo los otros también cambian. Cuando desarrollamos la bondad en nosotros mismos, la observamos igualmente en los demás. Por tanto, cuidemos siempre de cada uno de nuestros pensamientos y obras. Nuestras vidas deberían estar repletas de compasión. Ayudemos a los pobres y pensemos que nadie está libre de faltas. Si observamos una falta o un defecto en otra persona, examinémonos enseguida. De esa forma, comprobaremos que esa falta o defecto también se encuentra en nosotros.

Cuando alguien se enfade, comprendamos que se trata de su samskara (la totalidad de las impresiones y tendencias profundas acumuladas en el curso de innumerables vidas). Así seremos capaces de perdonar, tendremos la fuerza para hacerlo. Gracias a esa actitud de perdón, nuestros pensamientos, palabras y obras serán bondadosos. Nuestras buenas acciones atraerán la gracia de Dios. Así como las acciones bondadosas cosechan buenos frutos, las negativas aportan malos frutos. Las malas acciones son la causa del sufrimiento. Prestemos atención para que nuestras acciones sean siempre bondadosas; y de ese modo se derramará la gracia divina sobre nosotros. Una vez recibida la gracia de Dios, dejaremos de quejarnos y de ver la vida como sufrimiento.

La vida es comparable al péndulo de un reloj que va constantemente de un lado a otro. De la tristeza a la felicidad y a la inversa. Para saber aceptar tanto el dolor como la alegría y progresar espiritualmente, necesitamos comprender la espiritualidad. Así, nos será fácil superar cualquier situación. Comprenderemos la verdadera naturaleza de todas las cosas. La meditación es el método que utilizamos para este fin.

Hasta una persona malvada tiene la posibilidad inherente de llegar a ser bondadosa. No hay ser humano que no posea, al menos, una cualidad divina. Con paciencia, podemos despertar la divinidad innata en un ser humano. Esforcémonos por desarrollar esta actitud. Cuando veamos el bien en todo, nos llenaremos de gracia divina. Esta gracia es la fuente de todo logro en la vida. Si volvemos la espalda a alguien, pensando únicamente en los errores que ha cometido, ¿qué futuro le espera? Si, por el contrario, observamos la bondad que todavía existe en ella, y la animamos a desarrollar esa virtud, progresará. Esto podría causar tal efecto que, tal vez, se convierta en una gran persona. Sri Rama estaba dispuesto a postrarse ante la reina Kaikeyi, responsable de su exilio en el bosque. Cristo lavó los pies de Judas, cuando sabía que éste se preparaba para traicionarle. Cuando la mujer que un día lanzó barro contra el profeta Mahoma cayó enferma, él la cuidó sin que nadie se lo pidiera. Ese es el ejemplo que nos dan las grandes almas. La mejor manera para sentir paz y felicidad duraderas es seguir el camino que estos seres nos han mostrado.

La divinidad está presente en cada uno de nosotros, en estado latente. Cuando procuramos despertar la divinidad en los demás, la estamos despertando, de hecho, en nosotros mismos.

Había una vez un maestro que deseaba trasladarse a vivir a cierta aldea y decidió enviar a dos de sus discípulos para que le informaran sobre sus habitantes. Uno de ellos se cansó al cabo de poco tiempo y regresó. "¡Las personas de esa aldea son las peores que se pueda imaginar! ¡No hay más que ladrones, asesinos y prostitutas! No encontraréis en ningún lugar almas tan malvadas."

Cuando el segundo discípulo regresó, dijo al maestro: "Los habitantes de esta aldea son muy bondadosos. Nunca antes había conocido personas tan buenas." El maestro pidió a sus discípulos que le explicaran cómo podían tener dos opiniones tan contradictorias respecto a esa aldea. El primero dijo: "En la primera casa donde entré, fui acogido por un asesino; en la segunda vivía un ladrón y en la tercera una prostituta. Desanimado, no quise seguir adelante. Me fui rápidamente y regresé. ¿Cómo iba a decir algo bueno de una aldea poblada por personas tan malvadas?"

El maestro se volvió entonces hacia el segundo discípulo y le pidió que describiera lo que había visto. Éste dijo: "Visité las mismas casas que él. En la primera vivienda, encontré a un ladrón. Cuando llegué, estaba alimentando a los pobres. Suele ir en busca de los desdichados que pasan hambre en la aldea y les da de comer. Me alegré enormemente al ver esta buena cualidad en él.

En la segunda casa que visité vivía un asesino. Cuando llegué, se encontraba fuera atendiendo a un pobre hombre que yacía en el camino. Me sorprendió que, a pesar de ser un asesino, sintiera compasión y que su corazón no estuviera completamente seco. Al ver esto, sentí mucho amor por él. A continuación, visité una tercera casa, que pertenecía a una prostituta. Había cuatro niños en la vivienda. Pregunté en el pueblo sobre ellos y me dijeron que eran huérfanos y que aquella mujer los había acogido y los criaba. Al ver esas maravillosas cualidades en los que eran considerados los peores de la aldea, ¡podía suponer cómo serían de nobles los otros vecinos! Tras visitar estas tres casas, tuve una excelente impresión de la gente que vivía allí."

Dar la espalda a los demás diciendo que sólo hay maldad por todas partes, es síntoma de pereza. Si en lugar de hablar de la maldad que vemos en los otros, hacemos todo lo posible por despertar la bondad que hay en nuestro interior, entonces podremos aportar luz a los demás. Es el medio más facil para progresar uno mismo y toda la sociedad. En lugar de quejaros de las tinieblas que os rodean, encended vuestra propia pequeña vela. No os desaniméis con la idea de intentar disipar las tinieblas del mundo con la pequeña luz que reside en vosotros. Basta con encender vuestra vela y avanzar, pues iluminará cada paso que deis y también se beneficiarán todos los que os rodean.

Por tanto, hijos míos, iluminemos la llama del amor interior y sigamos adelante. Cada vez que damos un paso manteniendo una actitud positiva y una sonrisa, aparecen todas las buenas cualidades y llenan nuestro ser. Entonces, Dios no podrá permanecer alejado de nosotros. Nos acogerá en sus brazos y nos protegerá. Cada instante de nuestra vida será colmado de paz y armonía.

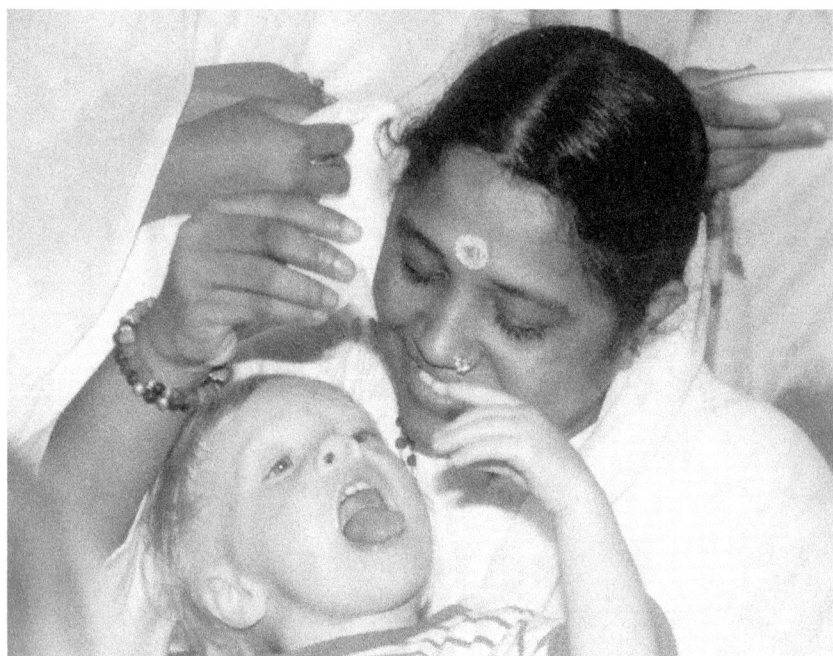

Glosario

Advaita: No-dualidad. Filosofía que enseña que la Realidad Suprema es "Una sin un segundo."

Ahimsa: No-violencia. Abstenerse de herir a un ser vivo, ya sea con el pensamiento, palabra o acción.

Arati: Ritual de adoración que consiste en una ofrenda de luz, bajo la forma de alcanfor ardiendo, mientras suena la campanilla ante la divinidad de un templo o ante una persona santa. Cuando arde, el alcanfor no deja ningún residuo, simbolizando la aniquilación total del ego.

Ardhanarisvara: Forma medio masculina y medio femenina de lo divino, simbolizando la unión de Shiva y Shakti, del Dios y de la Diosa.

Arjuna: El tercero de los cinco hermanos Pandavas. Uno de los héroes del Mahabharata, famoso por sus habilidades como arquero, amigo y discípulo de Krishna. Krishna dialoga con Arjuna y le transmite la enseñanza contenida en el *Bhagavad Gita*.

Ashram: "Lugar dedicado al esfuerzo." Lugar en el que viven los buscadores espirituales que llevan una vida de renuncia y realizan prácticas espirituales.

Asura: Demonio.

Atman: El verdadero Ser. La naturaleza esencia de nuestra auténtica existencia. Una de las enseñanzas fundamentales del *Sanatana Dharma* sostiene que nosotros no somos el cuerpo físico, la mente, los sentimientos o la personalidad. Somos el Ser eterno, puro y sin tacha.

Bhagavad Gita: "La canción del Señor." Bhagavad = del Señor; gita = canto, pero aquí significa consejo. Enseñanza dada por Sri Krishna a Arjuna en el campo de batalla de Kurukshetra al principio de la guerra del Mahabharata. Es una guía práctica para la vida diaria y contiene la esencia del Vedanta.

Bhajan: Canto Devocional.

Bhakti: Devoción y amor por Dios.

Bhava: "Modo" o "actitud" divina; Devi Bhava: el momento en el que Amma recibe a los devotos en el *bhava* de la Madre Divina.

Bhishma: El abuelo de los Pandavas y de los Kauravas. Aunque él combatió al lado de los Kauravas en la guerra del Mahabharata, era un campeón del *dharma* y se mostraba favorable a los victoriosos Pandavas. Después del Señor Krishna, es el personaje más importante de la epopeya Mahabharata.

Brahma: El aspecto de Dios asociado con la creación

Brahmasthanam: "La morada de Brahman", nombre de los templos creados y consagrados por Amma. La imagen central está formada por una piedra de cuatro caras sobre las que están representadas Devi, Ghanesa (el dios con cabeza de elefante), Shiva y Rahu (la serpiente que simboliza la energía de la Kundalini). La escultura simboliza la unidad de lo Divino, independientemente de la diversidad de formas que pueda adoptar.

Brahmachari: Un discípulo que observa el celibato y hace prácticas espirituales bajo la dirección de un maestro espiritual.

Brahmacharya: Celibato y disciplina de la mente y los sentidos.

Brahman: La Realidad Absoluta, el Ser Supremo, la Totalidad; el que todo lo abarca y lo impregna, el Único e Indivisible.

Darshan: Audiencia o visión de lo Divino o de una persona santa.

Deva: Un ser celeste.

Devi Bhava: "El divino modo de Devi", el estado en el que Amma revela su unidad e identidad con la Divina Madre.

Dharma: La palabra sánscrita *dharma* significa: "Lo que soporta (la creación)". Comúnmente se utiliza para referirse a aquello que origina la armonía del universo. *Dharma* posee numerosos significados: ley divina, ley de la existencia, rectitud, religión, deber, responsabilidad, virtud, justicia, bondad y verdad. *Dharma* significa los principios inherentes de la religión. Según la definición común de *dharma*, éste nos conduce al progreso espiritual y al bienestar de todos los seres de la Creación. Lo que es contrario al *dharma* es el *adharma*.

Dipa aradhana: "Adoración con una lámpara", ofrenda de la luz a la divinidad, describiendo círculos delante de su representación con una lámpara en la que se quema alcanfor.

Gopi: Las *gopis* eran las vaqueras, las lecheras que habitaban en Vrindavan. Eran las devotas más cercanas a Krishna y se las conocía por su devoción suprema hacia el Señor. Encarnan el más intenso amor hacia Dios.

Grihasthashrama: La vida en familia orientada hacia la espiritualidad, tradicionalmente la segunda etapa de la vida. Las cuatro etapas son: *Brahmacharya* (el periodo de formación). *Grihasthashrama* (la vida matrimonial y familiar). *Vanaprastha* (la renuncia al mundo para dedicarse por entero a la práctica espiritual) y *Sannyasa* (la renuncia a todos los lazos con el mundo).

Grihasthashrami: La persona que lleva una vida espiritual al tiempo que asume sus responsabilidades de cabeza de familia.

Guna: Cualidad, atributo. La Naturaleza (*prakriti*) está compuesta de tres *gunas*, de tres cualidades fundamentales o tendencias, que están en la base de toda manifestación: *sattva* (bondad, pureza, serenidad), *rajas* (actividad, pasión) y *tamas* (oscuridad, inercia, ignorancia). Estas tres *gunas* están en interacción constante. El mundo fenoménico está compuesto de diferentes combinaciones de las tres *gunas.*

Gurú: "El que destruye las tinieblas de la ignorancia." Maestro espiritual, guía.

Gurukula: Una *gurukula* es tradicionalmente un ashram en el que los discípulos viven y estudian con un maestro espiritual.

Japa: Repetición de un mantra, de una oración o de uno de los nombres de Dios.

Jivatman: El alma individual.

Jnana: El conocimiento espiritual y la sabiduría. Conocimiento de la verdadera naturaleza del mundo y de la realidad que la sustenta. Se trata de una experiencia directa, que trasciende toda percepción de la mente, del intelecto o de los sentidos. Es posible obtenerla gracias a la práctica espiritual y a la gracia de Dios o del *gurú.*

Kali: "La que es oscura." La destructora de *kala* (el tiempo). Uno de los aspectos de la Madre Divina. Desde el punto de vista del ego, puede parecer terrorífica porque destruye el ego, pero también nos transforma por su compasión infinita. Un devoto sabe que detrás de su aspecto cruel se oculta la Madre amorosa que protege a sus hijos y concede la liberación.

Karma: Acción, obra.

Karma Yoga: "Unión a través de la acción" El camino espiritual del servicio desinteresado, carente de apego. Los frutos de todas las acciones se ofrecen a Dios.

Kauravas: Los cien hijos de Dhritharasthra y de Gandhari; Duryodhana era el primogénito. Los Kauravas eran enemigos de sus primos, los virtuosos Pandavas, contra quienes combatieron durante la guerra del Mahabharata.

Krishna: La principal encarnación de Vishnu. Nació en el seno de una familia real, pero creció con sus padres adoptivos y vivió como pastor de vacas en Vrindavan, donde fue amado y adorado por las gopis y sus devotos compañeros. Krishna llegó a ser gobernador de Dwaraka. Fue amigo y consejero de sus primos, los Pandavas, especialmente de Arjuna, a quien reveló sus enseñanzas en el *Bhagavad Gita*.

Kshatriya: La casta de los guerreros.

Mahabharata: Una de las dos grandes epopeyas históricas de la India (Itihasa), la otra es el *Ramayana*. Es un gran tratado sobre el *dharma* y la espiritualidad. El relato se centra básicamente en el conflicto entre los Pandavas y los Kauravas, y la gran guerra de Kurukshetra. El Mahabharata es el poema épico más largo del mundo y fue redactado unos 3.200 años antes de nuestra era por el sabio Vyasa.

Mahatma: "Gran alma." Cuando Amma emplea la palabra *mahatma*, se refiere siempre a un ser Realizado.

Mantra: Fórmula sagrada u oración cuya repetición genera pureza y poder espiritual. Es mucho más efectivo si se obtiene de un maestro espiritual realizado.

Manu: Considerado el padre del género humano y el soberano de la tierra. Las escrituras describen catorce Manus sucesivos. El *Manusmriti*, el código de leyes redactado por Manu, se atribuye a Svayambhouva Manu, el primero de los catorce Manus. La declaración relativa a la protección de las mujeres que se cita aquí se encuentra en el *Manusmriti*.

Maya: "Ilusión." El poder divino que vela u oculta la Realidad y nos da la impresión de la existencia de la pluralidad, creando la ilusión de la separación. Nos hace creer que la perfección y la plenitud se encuentran fuera de nosotros mismos.

Moksha: La liberación.

Nirguna: Sin atributo.

Pada puja: La veneración a los pies de Dios, del *gurú* o de un santo. Al igual que los pies sostienen el cuerpo, el principio del *gurú* soporta la Verdad Suprema. Los pies del *gurú* simbolizan, por tanto, la Verdad Suprema.

Pandavas: Los hermanos Yudhisthira, Bhishma, Arjuna, Nakula y Sahadeva. Eran los cinco hijos del rey Pandu y de Kunti. Son los héroes del *Mahabharata*.

Parabhakti: La forma más elevada de devoción, desprovista de todo deseo, por la que el devoto siente su unidad con la Deidad Bienamada, que está presente en todo.

Paramatman: El Ser Supremo, Brahman.

Prahlada: Cuando la mujer del rey demonio Hiranyakashipu estaba encinta, los *devas* (seres celestes) atacaron a los demonios. Hiranyakashipu se impuso entonces severas austeridades. Los devas querían matar al hijo que Kayadhu llevaba en su seno. Temían que este niño fuera en el futuro una amenaza para ellos. Pero en el momento en que Devendra raptaba a Kayadhu, el sabio Narada intervino y lo detuvo. Narada sabía que el niño por nacer estaba destinado a ser su discípulo y sería un gran devoto de Vishnu. Narada condujo entonces a Kayadhu a su ermita y le hablaba cada día de Vishnu, explicándole historias maravillosas que trataban de Él y de sus encarnaciones divinas. El niño en su vientre asimiló esta enseñanza. Incluso cuando Kayadhu, agotada, se dormía, ¡el niño seguía escuchando las historias del sabio! Prahlada pasó igualmente una parte de su infancia en el ashram de Narada.

Prarabdha: "Responsabilidades, carga", el fruto de las acciones de esta vida y de las vidas pasadas, que se manifiestan en esta vida.

Puja: Ritual o ceremonia de adoración.

Purana: Existen dieciocho *Puranas* mayores y dieciocho menores. Estos textos antiguos cuentan historias sobre los dioses y sus encarnaciones.

Purna: Lleno, completo, perfecto, entero.

Purnavatar: Descenso de Dios sobre la tierra. Dios, que es sin nombre, sin forma e inmutable, adopta una forma humana. La intención de una encarnación divina es restaurar y preservar el *dharma* y elevar a la humanidad haciéndola consciente de la existencia del Ser.

Rama: "El que otorga alegría." El héroe divino de la epopeya del *Ramayana,* encarnación de Vishnu; está considerado como el ideal del *dharma* y de la virtud.

Ramayana: "La vida de Rama." Una de las epopeyas más importantes de la India. Describe la vida de Rama y su autor fue Valmiki. La mayor parte de la epopeya cuenta cómo Sita, la esposa de Rama, fue raptada y llevada a Sri Lanka por Ravana, el rey demonio, y cómo fue rescatada por Rama y sus devotos.

Rasa-lila: "Juego extático." Krishna y las *gopis* de Vrindavan danzaron la rasa-lila cuando Él se presentó ante cada una de las *gopis* y danzó con todas a la vez.

Ravana: El rey demonio de Sri Lanka, el personaje malvado del Ramayana. Raptó a Sita, la esposa divina de Rama.

Rishi: Conocer. Un ser que ha realizado el Ser. Generalmente, se designan por este término a los siete *rishis* de la antigua India. Eran seres Auto-Realizados que "veían" la Verdad Suprema y la manifestaron en las composiciones de los Vedas.

Samadhi: *Sam*= con; *adhi* = el Señor. Unión con Dios. Estado de concentración profunda en el que todos los pensamientos se desvanecen. La mente entra en un estado de completa quietud en el que sólo permanece la Pura Conciencia, mientras la persona queda absorta en el Ser (*Atman*).

Samsara: Ciclo de nacimiento, muerte y renacimiento; el mundo de la pluralidad.

Samskara: Es el conjunto de impresiones que han quedado grabadas en la mente por experiencias de esta vida o de vidas pasadas, e inciden en el ser humano, en su naturaleza, sus acciones, su estado mental, etc. También significa la bondad inherente, el buen carácter, las nobles cualidades y la disposición mental de cada persona, desarrolladas en el pasado. Con este término también se designa a la "cultura."

Sanatana Dharma: "La Religión Eterna" contenida en los Vedas, nombre tradicional del Hinduismo.

Sankalpa: Poder creador del espíritu bajo la forma de pensamiento, voz, determinación, resolución, etc.

Sannyasin: Monje o monja hindú que ha hecho votos de renuncia (*sannayasa*). Un *sannyasin* lleva tradicionalmente un vestido de color ocre, simbolizando que se ha desprendido y ha quemado todos sus apegos mundanos.

Satgurú: Un maestro espiritual Auto-Realizado.

Satsang: *Sat* = la Verdad, el ser; *sanga* = asociación con. La compañía de seres sabios y virtuosos. Por extensión, se designan así las enseñanzas de un sabio o de un erudito.

Shakti: Energía esencial, fundamental, del universo. Shakti es uno de los nombres de la Madre Universal, el aspecto dinámico de Brahman.

Shiva: "El Auspicioso, el que posee la Gracia, el Bondadoso." Una forma del Ser Supremo, el principio masculino, el aspecto estático de Brahman. Así mismo, el aspecto de la Trinidad hinduista asociado con la destrucción del universo, la destrucción de aquello que no tiene realidad.

Sita: Esposa de Rama. Está considerada en la India como el ideal de la feminidad.

Tamas: Tinieblas, inercia, apatía, ignorancia. Es una de las tres gunas (cualidades fundamentales) de la Naturaleza.

Tapas: "Calor", ascetismo, austeridades, penitencias. Disciplina y auto-sacrificio; las prácticas espirituales que "queman" las impurezas de la mente.

Tapasvi: La persona que practica *tapas*.

Tattva: Principio.

Upadhi: Un medio, médium o instrumento. Amma suele emplear este término para referirse al medio por el que el Infinito o Dios se expresa en el mundo manifiesto.

Vasana: "Vâs" = Vivir, morar. Los vasanas son las tendencias latentes, los deseos sutiles que existen en la mente y que se manifiestan a través de nuestras acciones y hábitos, si no los controlamos. Proceden de las impresiones causadas por experiencias (*samskaras*) que existen en el subconsciente.

Veda: "Conocimiento, sabiduría"; las escrituras sagradas del Hinduismo. Recopilación de textos sagrados en sánscrito, dividida en cuatro partes: *Rig, Yahur, Sama* y *Atharva*. Se trata de una de las escrituras más antiguas del mundo. Los textos védicos están considerados como revelación directa de la Verdad Suprema, vista o sentida por los Rishis (videntes realizados) 5.000 años antes de Cristo.

Vedanta: "La coda de los Vedas"; la filosofía de los *Upanishads*. Son textos que se encuentran al final de cada *Veda* y sostienen que la Verdad Última es el "Uno sin un segundo."

Yoga: "Unir" Serie de métodos por los que es posible alcanzar la unión con lo Divino. Un camino que conduce a la Auto-Realización.

Yogui: El que practica yoga o el que está establecido en la unidad con el Ser Supremo.